JN416309

아가페 영어성경 쓰기 시리즈

영어성경 시편 쓰기

쉬운성경 · NLT®

상

아가페

아가페 영어성경 쓰기 시리즈

영어성경
시편 쓰기

쉬운성경 · NLT®

상

Psalms
1-72

아가페

나의 바위요, 나의 구원자이신 여호와여!
내 입의 말과 내 마음의 생각이
주님께서 보시기에 흡족하기를 소원합니다.

- 시편 19:14, 쉬운성경 -

May the words of my mouth and the meditation of my heart
be pleasing to you, O LORD, my rock and my redeeme.

- Psalms 19:14, NLT® -

영어 성경 시편 쓰기를 시작하시는 분들께

1. 기도로 시작하세요.

한 글자 한 글자를 쓰는 동안, 언어를 뛰어넘어 살아 있는 하나님의 말씀이 내 안에 들어올 수 있도록 기도합니다.

2. 말씀의 의미를 마음에 새기면서 쓰세요.

단순히 영어로 한번 쓰는 것이 목적이 아닙니다.
말씀의 의미를 이해하면서 써나갈 수 있도록 주의를 기울이세요.
모르는 영단어는 하단의 단어설명과 사전을 참고해주세요.

3. 다 쓰고 나면 꼭 말씀을 묵상하세요.

묵상이란 말씀을 깊이 생각하면서 내 것으로 만드는 시간입니다.
쓰기를 마친 후에는 말씀이 내게 주시는 깨달음에 대해 조용히 묵상하세요.

4. 적당한 분량을 정해놓고 매일 꾸준히 쓰세요.

한꺼번에 많은 양을 쓰려고 하지 마세요.
적당한 분량을 매일 꾸준히 쓰는 것이 중요합니다.

서론

시편이란?

히브리어로는 '테힐림'으로 '찬송' 또는 '찬양의 노래'를 의미하지만, 대부분의 시들은 히브리어로 '테필롯'인 '기도'로 이루어져 있습니다. 이스라엘 백성들이 비파와 수금 같은 현악기를 켜면서 불렀던 노래(시) 모음집이라고 할 수 있습니다.

저자와 기록시기

150편의 시 중에서 저자의 이름을 밝히고 있는 시는 모두 100편입니다. 다윗(73편), 고라 자손(11편), 아삽(12편), 솔로몬(2편), 에단(1편), 모세(1편) 등이 바로 그 저자들입니다. B.C. 15세기부터 B.C. 5세기까지, 모세부터 포로귀환 후기의 고라 자손들에 의해 오랜 시간동안 저작되었습니다.

기록 목적과 대상

시편이 처음 기록된 목적은 개인의 찬양과 기도로 하나님께 응답하는 것이었습니다. 그러나 후에 그 시들이 한 권의 성경으로 묶여 신앙 공동체의 교육과 예배를 위해 사용되었기 때문에, 신앙교육과 예배의 대상인 언약백성 이스라엘을 수신자로 볼 수 있습니다.

핵심어 및 내용

시편의 핵심어는 '찬양'과 '간구'입니다. 하나님의 사랑과 구원에 감사하며 찬양하는 내용과, 고난과 시련 가운데 하나님께 탄식하며 구원을 간구하는 내용이 담겨 있습니다. 어떤 상황에 처해 있든지 인간의 모든 삶을 주관하시며 하늘과 온 땅을 다스리시는 하나님을 온전히 신뢰하여야 함을 강조합니다.

한글 성경 본문은 아가페 쉬운성경, 영어 성경 본문은 Tyndale의 NLT®(2015)를 수록하였습니다.

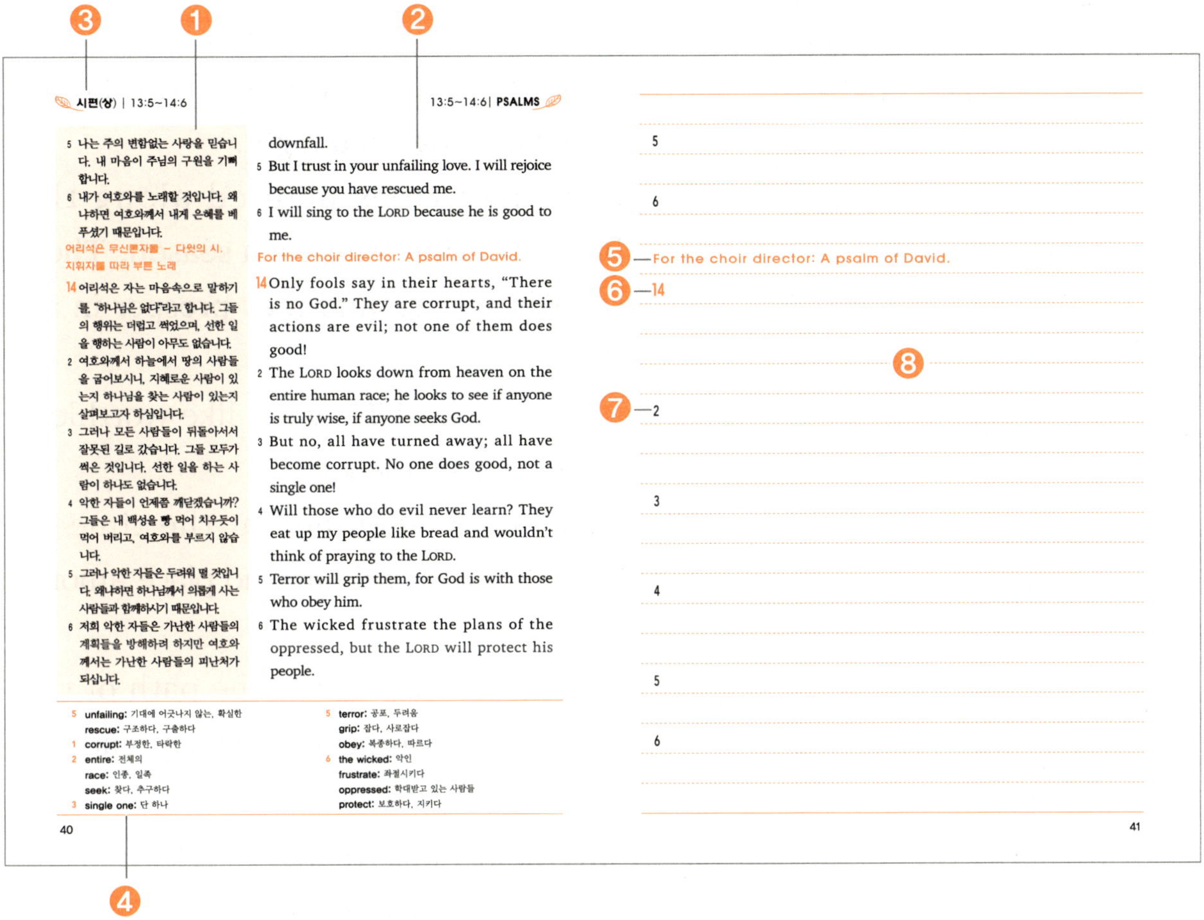
시편(상) | 13:5~14:6

5 나는 주의 변함없는 사랑을 믿습니
다. 내 마음이 주님의 구원을 기뻐
합니다.
6 내가 여호와를 노래할 것입니다. 왜
냐하면 여호와께서 내게 은혜를 베
푸셨기 때문입니다.

어리석은 무신론자들 – 다윗의 시.
지휘자를 따라 부른 노래

14 어리석은 자는 마음속으로 말하기
를, "하나님은 없다"라고 합니다. 그들
의 행위는 더럽고 썩었으며, 선한 일
을 행하는 사람이 아무도 없습니다.
2 여호와께서 하늘에서 땅의 사람들
을 굽어보시니, 지혜로운 사람이 있
는지 하나님을 찾는 사람이 있는지
살펴보고자 하심입니다.
3 그러나 모든 사람들이 뒤돌아서서
잘못된 길로 갔습니다. 그들 모두가
썩은 것입니다. 선한 일을 하는 사
람이 하나도 없습니다.
4 악한 자들이 언제쯤 깨닫겠습니까?
그들은 내 백성을 빵 먹어 치우듯이
먹어 버리고, 여호와를 부르지 않습
니다.
5 그러나 악한 자들은 두려워 떨 것입니
다. 왜냐하면 하나님께서 의롭게 사는
사람들과 함께하시기 때문입니다.
6 저희 악한 자들은 가난한 사람들의
계획들을 방해하려 하지만 여호와
께서는 가난한 사람들의 피난처가
되십니다.

13:5~14:6 | PSALMS

downfall.
5 But I trust in your unfailing love. I will rejoice
because you have rescued me.
6 I will sing to the LORD because he is good to
me.

For the choir director: A psalm of David.

14 Only fools say in their hearts, "There
is no God." They are corrupt, and their
actions are evil; not one of them does
good!
2 The LORD looks down from heaven on the
entire human race; he looks to see if anyone
is truly wise, if anyone seeks God.
3 But no, all have turned away; all have
become corrupt. No one does good, not a
single one!
4 Will those who do evil never learn? They
eat up my people like bread and wouldn't
think of praying to the LORD.
5 Terror will grip them, for God is with those
who obey him.
6 The wicked frustrate the plans of the
oppressed, but the LORD will protect his
people.

5 unfailing: 기대에 어긋나지 않는, 확실한
rescue: 구조하다, 구출하다
1 corrupt: 부정한, 타락한
2 entire: 전체의
race: 인종, 일족
seek: 찾다, 추구하다
3 single one: 단 하나

5 terror: 공포, 두려움
grip: 잡다, 사로잡다
obey: 복종하다, 따르다
6 the wicked: 악인
frustrate: 좌절시키다
oppressed: 학대받고 있는 사람들
protect: 보호하다, 지키다

40

5
6
For the choir director: A psalm of David.
14
2
3
4
5
6

41

1. 아가페 쉬운성경
2. NLT®(2015)
3. 페이지에 해당하는 장, 절 표기
4. 주요 영단어 뜻풀이
5. 소제목 수록
6. 장 숫자 수록
7. 절 숫자 수록
8. 필사 페이지
   - 왼쪽 NLT 본문과 장·절 구성이 동일합니다.
   - 영어 본문을 보시며 한 줄씩 똑같이 쓰시면 됩니다.

※ 필사 페이지의 경우, 간혹 하단에 1행의 여백이 생길 수 있음을 밝힙니다.

제 1 권 (시편 1-41편)

두 가지 삶의 길

1 행복한 사람은 나쁜 사람들의 꼬임에 따라가지 않는 사람입니다. 행복한 사람은 죄인들이 가는 길에 함께 서지 않으며, 빈정대는 사람들과 함께 자리에 앉지 않는 사람입니다.

2 그는 여호와의 가르침을 즐거워하고, 밤낮으로 그 가르침을 깊이 생각합니다.

3 그는 마치 시냇가에 옮겨 심은 나무와 같습니다. 계절을 따라 열매를 맺고 그 잎새가 시들지 않는 나무와 같습니다. 그러므로 그가 하는 일마다 다 잘 될 것입니다.

4 나쁜 사람들은 그렇지가 않습니다. 그들은 마치 바람에 쉽게 날아가는 겨와 같습니다.

5 그러므로 나쁜 사람들은 하나님께서 내리시는 벌을 견뎌 낼 수가 없을 것입니다. 죄인들은 착한 사람들과 함께 있을 수 없습니다.

6 착한 사람들이 가는 길은 여호와께서 보살펴 주시지만, 악한 사람들이 가는 길은 결국 망할 것입니다.

하나님께서 택하신 왕

2 어째서 나라들이 남몰래 나쁜 일을 꾸미며, 민족들이 왜 그토록 헛된 일들을 계획하고 있는 것일까?

2 세상 왕들이 여호와께 대항하여 싸울 준비를 하고, 세상의 통치자들이 여호

Book ONE (Psalms 1–41)

1 Oh, the joys of those who do not follow the advice of the wicked, or stand around with sinners, or join in with mockers.

2 But they delight in the law of the LORD, meditating on it day and night.

3 They are like trees planted along the riverbank, bearing fruit each season. Their leaves never wither, and they prosper in all they do.

4 But not the wicked! They are like worthless chaff, scattered by the wind.

5 They will be condemned at the time of judgment. Sinners will have no place among the godly.

6 For the LORD watches over the path of the godly, but the path of the wicked leads to destruction.

2 Why are the nations so angry? Why do they waste their time with futile plans?

2 The kings of the earth prepare for battle; the rulers plot together against the LORD and against his anointed one.

3 "Let us break their chains," they cry, "and

---

1 **the wicked:** 악인
mocker: 비웃는 사람

2 **delight in:** …을 기쁨으로 받아들이다
meditate on: 묵상하다

3 **riverbank:** 강기슭, 강둑
bear: (잎·꽃·열매를) 맺다
prosper: 성공하다, 번창하다

4 **worthless:** 가치 없는, 무의미한
chaff: 왕겨, 쌀겨
scatter: 흩어지다, 사방으로 퍼지다

5 **condemned:** 유죄를 선고받은

6 **destruction:** 멸망, 파괴

1 **futile:** 헛된, 헛수고

2 **ruler:** 통치자, 지배자

Book ONE (Psalms 1–41)

1

2

3

4

5

6

2

2

3

와께서 세우신 왕과 싸우려고 모여드
는구나.
3 그들은 "우리를 묶은 쇠사슬을 끊어
버리자. 우리를 동여 맨 밧줄을 던져
버리자"라고 말합니다.
4 그러나 하늘 보좌에 앉아 계신 분께서
웃으시며 그들을 향해 비웃으십니다.
5 주께서 분노하시면서 그들을 꾸짖
고, 그들이 두려워 벌벌 떠는 가운
데 말씀하시기를
6 "내가 나의 왕을 내 거룩한 산, 시온
산 위에 세웠다!"라고 하십니다.
7 내가 이제 주님의 명령을 널리 선포
합니다. 여호와께서 내게 말씀하시기
를 "너는 내 아들이다. 오늘 내가 너
의 아버지가 되었다.
8 나에게 구하여라. 그러면 내가 모든 나
라들을 네게 유산으로 주겠다. 그리고
지구상의 모든 민족들이 다 네 소유가
될 것이다.
9 너는 철로 된 지팡이로 그들을 질그릇
같이 부술 것이다"라고 하셨습니다.
10 그러므로 세상 왕들아! 지혜롭게 행
동하여라. 세상의 통치자들아! 조심
하여라.
11 두려운 마음으로 여호와를 섬기고,
떨리는 마음으로 그분을 찬양하여라.
12 그의 아들을 정중하게 섬겨라. 그렇
지 않으면 너희가 가는 길에서 망하
게 된다. 왜냐하면 주님의 분노가 순
식간에 불붙듯이 타오를 것이기 때문

free ourselves from slavery to God."
4 But the one who rules in heaven laughs. The
Lord scoffs at them.
5 Then in anger he rebukes them, terrifying
them with his fierce fury.
6 For the Lord declares, "I have placed my
chosen king on the throne in Jerusalem, on
my holy mountain."
7 The king proclaims the LORD's decree: "The
LORD said to me, 'You are my son. Today I
have become your Father.
8 Only ask, and I will give you the nations as
your inheritance, the whole earth as your
possession.
9 You will break them with an iron rod and
smash them like clay pots.'"
10 Now then, you kings, act wisely! Be warned,
you rulers of the earth!
11 Serve the LORD with reverent fear, and
rejoice with trembling.
12 Submit to God's royal son, or he will become
angry, and you will be destroyed in the midst
of all your activities–for his anger flares up
in an instant. But what joy for all who take

4 **scoff:** 비웃다, 조롱하다
5 **rebuke:** 비난하다, 꾸짖다
terrifying: 무섭게 만드는, 무서워할 만한
fierce: 거센, 맹렬한
6 **declare:** 선언하다
throne: 왕위, 왕좌
7 **proclaim:** 선포하다, 공포하다
8 **inheritance:** 상속, 계승
possession: 소유
11 **reverent:** 숭배하는, 공경하는
trembling: 떨림, 전율하는
12 **submit to:** 복종하다, 온순히 따르다
flare up: 확 불타오름
take refuge in: …으로 피난하다

4

5

6

7

8

9

10

11

12

이다. 여호와를 의지하는 사람은 복
을 받을 것이다.

아침 기도 – 다윗이 아들 압살롬을 피해 도망갈 때 부른 노래

3 여호와여, 나의 원수들이 얼마나 많은
지요! 나에게 대항하는 사람들이 너무
도 많습니다!
2 많은 사람들이 나에 관해 말하기를,
"하나님께서 그를 구해 주시지 않을
거야"라고 합니다. (셀라)*
3 그러나 여호와여, 주는 나의 방패시
며, 나의 영광이시고, 내 머리를 드시
는 분이십니다.
4 내가 여호와께 큰 소리로 부르짖을
때, 그분은 그 거룩한 산에서 내게
응답하십니다. (셀라)
5 내가 저녁에 누워 잠을 자고, 아침에
다시 깨어나는 것은 여호와께서 나를
지켜 주시기 때문입니다.
6 수천 수만 명의 적들이 사방으로 나
를 둘러싸더라도 나는 두려워하지 않
을 것입니다.
7 여호와여, 일어나소서! 오 나의 하나
님이시여, 나를 구해 주소서. 내 원수
들의 턱뼈를 부수뜨리고, 악한 사람
들의 이를 부러뜨려 주소서.
8 구원은 여호와께 있으니 주의 복을
주의 백성에게 내려 주소서. (셀라)

저녁 기도 – 다윗의 시. 지휘자를 따라 현악기에 맞춰 부른 노래

refuge in him!

A psalm of David, regarding the time David fled from his son Absalom.

3 O LORD, I have so many enemies; so many
are against me.
2 So many are saying, "God will never rescue
him!" *Interlude* [a]
3 But you, O LORD, are a shield around me; you
are my glory, the one who holds my head
high.
4 I cried out to the LORD, and he answered me
from his holy mountain. *Interlude*
5 I lay down and slept, yet I woke up in safety,
for the LORD was watching over me.
6 I am not afraid of ten thousand enemies who
surround me on every side.
7 Arise, O LORD! Rescue me, my God! Slap all
my enemies in the face! Shatter the teeth of
the wicked!
8 Victory comes from you, O LORD. May you
bless your people. *Interlude*

For the choir director: A psalm of David, to be accompanied by stringed instruments.

4 Answer me when I call to you, O God who

1 **be against:** …에 반대하다
2 **rescue:** 구하다, 구조하다
Interlude: 히브리어 '셀라'의 번역
3 **shield:** 방패, 보호자
4 **cry out:** 큰 소리로 외치다
5 **lay:** 눕다
safety: 안전, 무사
watch over: 남을 지키다
6 **be afraid of:** …을 무서워하다
surround: 둘러싸다, 에워싸다
7 **arise:** 일어서다
slap: 찰싹 때리다
shatter: 산산이 부수다
1 **declare:** 선언하다, 분명하게 하다

* 3:2 셀라 이 단어의 뜻은 정확히 알 수 없지만, 음악 용어로 '높임', '중지'를 뜻하는 히브리어 '살랄'에서 유래한 것으로 추측된다.

A psalm of David, regarding the time David fled
from his son Absalom.

3

2

3

4

5

6

7

8

For the choir director: A psalm of David, to be accompanied by
stringed instruments.

4

a 3:2 Hebrew *Selah*. The meaning of this word is uncertain, though it is probably a musical or literary term. It is rendered *Interlude* throughout the Psalms.

4 내가 당신께 부르짖을 때에 응답해
주소서. 나의 의로우신 하나님! 내
근심을 덜어 주시고, 나에게 은혜
를 베풀어 주시고, 나의 기도를 들
어 주소서.
2 사람들이여! 언제까지 나를 부끄럽
게 하려는가? 언제까지 잘못된 일
을 좋아하고, 거짓된 신들을 따르
려는가? (셀라)
3 여호와께서 경건한 사람들을 선택하
셨다는 사실을 너희들은 알아야 한
다. 내가 기도할 때에 여호와께서 듣
고 계신다는 사실을 알아야 한다.
4 화가 난다고 죄를 짓지 마라. 너희는
잠들기 전에 조용히 생각하며 자기
마음을 살펴보아라. (셀라)
5 주께 올바른 제사를 드리고, 여호
와를 믿고 의지하여라.
6 많은 사람들이 "누가 우리에게 선
한 것을 보여 주겠는가?"라고 물으
니 여호와여, 주님의 얼굴을 우리
에게 비추어 주소서.
7 주께서 나의 마음에 큰 기쁨을 채워
주시니 이 기쁨은 곡식과 새 포도주
가 가득할 때의 기쁨보다 더 큽니다.
8 내가 평안히 누워 잠을 자니 나를
이렇게 안전하게 돌보아 주시는 분
은 오직 여호와뿐이십니다.

보호해 달라는 아침 기도 – 다윗의 시. 지휘자를 따라 관악기에 맞춰 부른 노래

declares me innocent. Free me from
my troubles. Have mercy on me and hear
my prayer.
2 How long will you people ruin my reputation?
How long will you make groundless
accusations? How long will you continue your
lies? *Interlude*
3 You can be sure of this: The LORD set apart the
godly for himself. The LORD will answer when
I call to him.
4 Don't sin by letting anger control you.
Think about it overnight and remain silent.
Interlude
5 Offer sacrifices in the right spirit, and trust the
LORD.
6 Many people say, "Who will show us better
times?" Let your face smile on us, LORD.
7 You have given me greater joy than those who
have abundant harvests of grain and new
wine.
8 In peace I will lie down and sleep, for you
alone, O LORD, will keep me safe.

For the choir director: A psalm of David, to be accompanied by the flute.

1 **innocent:** 죄 없는, 순결한
mercy: 자비, 관용
2 **ruin:** 망치다
reputation: 평판, 명성
groundless: 근거 없는
accusation: 고소, 고발
3 **set apart:** 구별하다
4 **overnight:** 밤새도록, 하룻밤 동안
remain silent: 침묵을 지키다
5 **offer:** 제물을 바치다
sacrifice: 희생, 제물
7 **abundant:** 풍부한
harvest: 수확, 추수
grain: 곡물

2

3

4

5

6

7

8

For the choir director: A psalm of David, to be accompanied by the flute.

5 여호와여, 내 말에 귀 기울여 주소서. 나의 한숨 소리를 들어 주소서.
2 도와 달라고 외치는 나의 부르짖음을 들어 주소서. 나의 왕, 나의 하나님이시여, 내가 주께 기도드립니다.
3 여호와여, 아침마다 주께서 내 소리를 들으시니, 매일 아침 나의 소원들을 주께 아뢰고 주님의 응답을 조용히 기다립니다.
4 주님은 악한 것을 좋아하시는 분이 아니시니 악한 사람들이 주님과 함께 할 수 없습니다.
5 거만한 자들이 주 앞에 설 수가 없습니다. 주님은 옳지 못한 일을 하는 사람을 미워하십니다.
6 여호와께서는 거짓말하는 자들을 멸망시키시고, 다른 사람의 피를 흘리고 속이는 자들을 몹시 미워하십니다.
7 나는 오직 주님의 크신 사랑에 힘입어 주님의 집 안으로 들어갈 것입니다. 존경하는 마음으로 주님의 거룩한 전을 향하여 엎드리겠습니다.
8 여호와여, 내 주위에 적들이 많으니 주의 의로운 길로 나를 인도하여 주시고 주의 곧은 길을 보여 주소서.
9 원수들의 말은 한 마디도 믿을 수가 없고, 그들의 마음은 사람을 파멸시키려는 계획들로 가득 차 있습니다. 그들의 목구멍은 열린 무덤

5 O LORD, hear me as I pray; pay attention to my groaning.
2 Listen to my cry for help, my King and my God, for I pray to no one but you.
3 Listen to my voice in the morning, LORD. Each morning I bring my requests to you and wait expectantly.
4 O God, you take no pleasure in wickedness; you cannot tolerate the sins of the wicked.
5 Therefore, the proud may not stand in your presence, for you hate all who do evil.
6 You will destroy those who tell lies. The LORD detests murderers and deceivers.
7 Because of your unfailing love, I can enter your house; I will worship at your Temple with deepest awe.
8 Lead me in the right path, O LORD, or my enemies will conquer me. Make your way plain for me to follow.
9 My enemies cannot speak a truthful word. Their deepest desire is to destroy others. Their talk is foul, like the stench from an open grave. Their tongues are filled with flattery.

1 **groan:** 신음하다, 끙끙거리다
3 **expectantly:** 기대하여
4 **pleasure:** 즐거움, 기쁨
tolerate: 너그럽게 봐주다, 참다
5 **therefore:** 그러므로, 그래서
6 **detest:** 매우 싫어하다, 혐오하다
deceiver: 사기꾼
7 **unfailing:** 기대에 어긋나지 않는, 확실한
awe: 경외심
8 **conquer:** 정복하다
9 **foul:** 상스러운, 나쁜
stench: 악취, 냄새
tongue: 혀, 말
flattery: 아첨, 아부

5

2

3

4

5

6

7

8

9

과도 같고, 그들의 혀는 거짓말하는
데 능숙합니다.
10 하나님이시여, 그들을 죄인이라 부르
소서! 자기들의 꾀에 스스로가 빠져
들게 하십시오. 죄값을 치르게 하여
그들을 쫓아 내십시오. 그들이 주님
을 배반했기 때문입니다.
11 그러나 주님을 피난처로 삼는 사람들
은 누구나 즐겁게 해 주소서. 언제까
지나 기쁨의 노래를 부르게 해 주소
서. 주님, 그들을 지켜 보호해 주십시
오. 주님의 이름을 사랑하는 사람들
이 주님 때문에 기뻐할 것입니다.
12 여호와여, 정말로 주님은 의로운 사람
에게 복을 주십니다. 주님의 방패 같은
사랑으로 그들을 지켜 주소서.

회개의 기도 - 다윗의 시. 지휘자를 따라 현악기에 맞춰 낮은 음으로 부른 노래

6 여호와여, 주님의 노여움으로 나를
꾸짖지 마시고, 주님의 불 같은 분노
로 나를 벌하지 마소서.
2 여호와여, 나는 힘이 없으니 불쌍히
여겨 주소서. 여호와여, 나를 고쳐 주
소서. 뼈마디가 고통스럽습니다.
3 내 마음이 찢어질 듯이 아픕니다. 여호
와여, 언제까지 기다려야 합니까?
4 여호와여, 돌아오셔서 나를 구해 주
시고, 주의 변함없는 사랑으로 나를
살려 주소서.
5 죽으면 아무도 주를 생각할 수 없습
니다. 무덤 속에서 누가 주를 찬양할

10 O God, declare them guilty. Let them be
caught in their own traps. Drive them away
because of their many sins, for they have
rebelled against you.
11 But let all who take refuge in you rejoice;
let them sing joyful praises forever. Spread
your protection over them, that all who love
your name may be filled with joy.
12 For you bless the godly, O LORD; you
surround them with your shield of love.

For the choir director: A psalm of David, to be accompanied by an eight-stringed instrument.

6 O LORD, don't rebuke me in your anger or
discipline me in your rage.
2 Have compassion on me, LORD, for I am
weak. Heal me, LORD, for my bones are in
agony.
3 I am sick at heart. How long, O LORD, until
you restore me?
4 Return, O LORD, and rescue me. Save me
because of your unfailing love.
5 For the dead do not remember you. Who
can praise you from the grave?

10 **guilty:** 유죄
trap: 올가미, 함정
rebel: 반발하다, 반역하다
11 **take refuge in:** …으로 피난하다
praise: 찬사, 찬미
protection: 보호
be filled with: …로 가득차다

1 **rebuke:** 비난하다, 꾸짖다
2 **compassion:** 측은히 여기는 마음, 깊은 동정
heal: 고치다, 치유하다
agony: 고통, 심한 동요
3 **restore:** 회복하다, 복원하다
4 **unfailing:** 기대에 어긋나지 않는, 확실한
5 **grave:** 무덤

10

11

12

For the choir director: A psalm of David,
to be accompanied by an eight–stringed instrument.

6

2

3

4

5

수 있단 말입니까?
6 나는 신음하다가 지쳐 버렸습니다. 밤
을 지새며 눈물로 침대를 적셨으며 울
음으로 이불이 흠뻑 젖었습니다.
7 너무 많이 울어 눈앞이 잘 보이지 않
습니다. 원수들 때문에 흘린 눈물로
시력이 약해졌습니다.
8 내게서 떠나가거라! 악한 일을 저지르
는 모든 자들아! 여호와께서 내 울부
짖음을 들으셨다.
9 여호와께서 자비를 간절히 구하는 내
외침을 들으셨으니 내 기도를 받으실
것이다.
10 내 모든 원수들이 두려워하기를 바라고
창피를 당한 후 물러가기를 바랍니다.

사람이 한 일에 따라 심판하실 것에 대한 기도 – 베냐민 사람 구시가 한 말을 듣고 여호와께 부른 다윗의 식가욘

7 여호와 나의 하나님이시여, 내가 주께
피하니 나를 뒤쫓는 사람들에게서 나
를 보호하시고 구해 주소서.
2 그렇지 않으면 그들이 사자처럼 달려
들어 나를 갈기갈기 찢어 놓을 것입니
다. 나를 구해 줄 사람은 아무도 없습
니다.
3 여호와 나의 하나님이시여, 내가 어떻
게 살았습니까? 내가 무슨 잘못을 저
지른 적이 있습니까?
4 내가 다른 사람에게 악을 행한 일이
있습니까? 아무런 이유 없이 나의 원
수의 물건을 빼앗은 적이 있었습니까?

6 I am worn out from sobbing. All night I
flood my bed with weeping, drenching it
with my tears.
7 My vision is blurred by grief; my eyes are
worn out because of all my enemies.
8 Go away, all you who do evil, for the LORD
has heard my weeping.
9 The LORD has heard my plea; the Lord will
answer my prayer.
10 May all my enemies be disgraced and
terrified. May they suddenly turn back in
shame.

A psalm of David, which he sang to the LORD concerning Cush of the tribe of Benjamin.

7 I come to you for protection, O LORD my
God. Save me from my persecutors–rescue
me!
2 If you don't, they will maul me like a lion,
tearing me to pieces with no one to rescue
me.
3 O LORD my God, if I have done wrong or
am guilty of injustice,
4 if I have betrayed a friend or plundered my

6 **worn out:** 지친, 녹초가 된
sob: 흐느껴 울다
drenching: 흠뻑 적시는
7 **blurred:** 흐릿해진, 선명하지 않은
grief: 깊은 슬픔, 한탄
9 **plea:** 탄원, 청원
10 **disgrace:** 물리치다, 실각시키다
terrified: 무서워하는, 겁먹은
1 **protection:** 보호, 경호
persecutor: 박해자, 학대자
2 **maul:** 난폭하게 다루다, 상처를 입히다
3 **injustice:** 불법, 부당, 부정행위
4 **betray:** 배신하다, 배반하다
plunder: 약탈하다, 강탈하다

6

7

8

9

10

A psalm of David, which he sang to
the LORD concerning Cush of the tribe of Benjamin.

7

2

3

4

5 만약 내가 그랬다면, 원수가 나를 쫓
아와 붙잡도록 내버려 두십시오. 그
가 나를 땅에 짓밟고, 나를 땅에 묻게
하소서. (셀라)
6 여호와여! 분노하시면서 일어나소서.
나의 성난 원수들을 대항하여 일어나
싸워 주소서. 나의 하나님이시여, 일어
나소서! 정의를 선포하여 주소서.
7 모든 나라들을 불러 모아 주를 둘러
싸게 하시고, 하늘에서 그들을 다스
려 주소서.
8 주께서 민족들을 심판해 주소서. 여
호와께서 내가 의롭게 행동했는지 판
단해 주소서. 가장 높으신 분이시여,
내가 순수하게 행동하였는지 말씀해
주소서.
9 사람의 마음과 생각을 알고 계시는
의로우신 하나님, 악한 사람들의 악
을 막아 주시고, 의로운 사람들을 안
전하게 보호하여 주소서.
10 가장 높으신 분, 하나님께서는 나의 방
패이십니다. 그분은 마음이 바른 사람
들을 구원하여 주십니다.
11 하나님께서는 공평하신 재판장이십니
다. 그분은 악인을 향해 날마다 분노
하시는 하나님이십니다.
12 만일 그들이 마음을 고쳐 바르게 하지
않으면, 하나님께서는 칼을 가시며 활
을 당겨 그들을 겨누실 것입니다.
13 하나님께서는 생명을 앗아갈 수 있는
무기로 불화살을 마련해 두셨습니다.

enemy without cause,
5 then let my enemies capture me. Let them
trample me into the ground and drag my
honor in the dust. *Interlude*
6 Arise, O LORD, in anger! Stand up against
the fury of my enemies! Wake up, my God,
and bring justice!
7 Gather the nations before you. Rule over
them from on high.
8 The LORD judges the nations. Declare me
righteous, O LORD, for I am innocent, O
Most High!
9 End the evil of those who are wicked, and
defend the righteous. For you look deep
within the mind and heart, O righteous
God.
10 God is my shield, saving those whose hearts
are true and right.
11 God is an honest judge. He is angry with the
wicked every day.
12 If a person does not repent, God will
sharpen his sword; he will bend and string
his bow.
13 He will prepare his deadly weapons and

5 **trample:** 짓밟다, 밟아 뭉개다
drag: 끌어내다
6 **fury:** 격노, 격분
7 **gather:** 모으다
rule: 다스리다, 통치하다
8 **declare:** 선언하다, 분명하게 하다
righteous: 옳은, 정의의
9 **defend:** 방어하다, 지키다
11 **judge:** 재판관, 판사
the wicked: 악인
12 **repent:** 후회하다, 뉘우치다,
13 **deadly:** 치명적인
weapon: 무기
flaming: 타오르는

5

6

7

8

9

10

11

12

13

14 악한 생각을 가슴에 품고, 다른 사람에게 고통을 주는 악인은 자기가 만든 속임수에 빠질 것입니다.
15 다른 사람들을 빠뜨리기 위해 구덩이를 깊이 파는 사람들은 스스로 그 구덩이에 빠질 것입니다.
16 그들은 자신들이 일으킨 어려움에 스스로 빠지게 되고, 그들이 일으킨 폭력이 그들 머리 위로 돌아갈 것입니다.
17 의로우신 여호와여, 내가 감사드립니다. 가장 높으신 분, 주님의 이름을 찬송합니다.

하나님의 위대하심과 사람의 가치 – 다윗의 시. 지휘자를 따라 기쁜 곡조로 부른 노래

8 여호와, 우리의 주님이시여! 주님의 이름이 온 땅에 어찌 그리 장엄한지요? 주님께서 하늘 위에 주님의 찬란한 영광을 두셨습니다.
2 주님께서는 어린이들과 젖 먹는 아기들이 주님께 찬양을 올리도록 하셨습니다. 주님께 대항하는 원수들과 적들과 보복하려는 자들을 침묵시키기 위해서입니다.
3 주님의 하늘을 바라봅니다. 주님의 손가락으로 지으신 하늘을 생각해 봅니다. 주님께서 하늘에 자리를 정해 준 달과 별들을 생각해 봅니다.
4 사람이 무엇이기에 주님께서는 그를 기억하시고, 인간이 무엇이기에 주님

shoot his flaming arrows.
14 The wicked conceive evil; they are pregnant with trouble and give birth to lies.
15 They dig a deep pit to trap others, then fall into it themselves.
16 The trouble they make for others backfires on them. The violence they plan falls on their own heads.
17 I will thank the LORD because he is just; I will sing praise to the name of the LORD Most High.

For the choir director: A psalm of David, to be accompanied by a stringed instrument.

8 O LORD, our Lord, your majestic name fills the earth! Your glory is higher than the heavens.
2 You have taught children and infants to tell of your strength, silencing your enemies and all who oppose you.
3 When I look at the night sky and see the work of your fingers–the moon and the stars you set in place–
4 what are mere mortals that you should think about them, human beings that you should care for them?

13 **arrow:** 화살
14 **conceive:** 마음에 품다, 생각해 내다
pregnant with: …을 잉태한
15 **dig:** 파다
pit: 구멍, 구덩이
16 **backfire:** 역효과, 역풍
violence: 폭력

1 **majestic:** 위엄 있는, 장엄한
2 **infant:** 유아
strength: 힘, 강함
oppose: 대항하다, 반대하다
3 **set in:** 끼워 넣는, …을 꽂아 넣다
4 **mere:** 단순한, 단지
mortal: 죽을 운명의, 인간의

14

15

16

17

For the choir director: A psalm of David, to be accompanied by
a stringed instrument.

8

2

3

4

께서는 그를 돌보아 주시는지요?
5 주님께서는 사람을 천사보다 조금
못하게 지으시고, 그 머리에 영광과
존엄의 왕관을 씌우셨습니다.
6 주님께서 만드신 모든 것을 사람
이 다스리게 하시고, 모든 것들을
사람에게 맡기셨습니다.
7 모든 양 떼들과 소 떼들, 그리고
들판의 짐승들,
8 하늘을 나는 온갖 새들과 바닷속
에 사는 모든 것들을 다스리게 하
셨습니다.
9 여호와, 우리 주여! 주의 이름이
온 땅에 어찌 그리 장엄한지요?

승리에 대한 감사 기도 – 다윗의 시. 지휘자를 따라 "아들의 죽음"이라는 곡조에 맞춰 부른 노래

9 오 주님, 내가 온 마음을 다해 여호
와를 찬양하며, 주께서 행하신 놀
라운 일들을 모두 노래하겠습니다.
2 내가 주를 기뻐하고 즐거워할 것입
니다. 가장 높으신 분, 주님의 이름
을 찬송하겠습니다.
3 나의 원수들이 도망치다가 넘어지
며, 주님 앞에서 멸망합니다.
4 주께서 나의 억울한 사정을 들으
시고 보좌에 앉으셔서 공평하게
재판하셨습니다.
5 주께서 모든 나라들을 꾸짖으시고,
악한 사람들을 망하게 하시며, 그들
의 이름을 영영 지워 버리셨습니다.

5 Yet you made them only a little lower than
God and crowned them with glory and honor.
6 You gave them charge of everything you
made, putting all things under their authority–
7 the flocks and the herds and all the wild
animals,
8 the birds in the sky, the fish in the sea, and
everything that swims the ocean currents.
9 O LORD, our Lord, your majestic name fills the
earth!

For the choir director: A psalm of David, to be sung to the tune "Death of the Son."

9 I will praise you, LORD, with all my heart; I
will tell of all the marvelous things you have
done.
2 I will be filled with joy because of you. I will
sing praises to your name, O Most High.
3 My enemies retreated; they staggered and
died when you appeared.
4 For you have judged in my favor; from your
throne you have judged with fairness.
5 You have rebuked the nations and destroyed
the wicked; you have erased their names
forever.

5 **crown:** 왕관을 씌우다
6 **authority:** 권위, 권력
7 **flock:** (양·염소·새 등의) 떼, 무리
herd: (대형 동물, 소·돼지의) 떼
8 **ocean current:** 해류
1 **marvelous:** 놀라운, 경이로운
2 **be filled with:** …로 가득 차다
3 **retreat:** 후퇴하다, 물러서다
stagger: 비틀거리다, 휘청거리다
appear: 나타나다
4 **favor:** 부탁, 호의
throne: 왕위, 왕좌
5 **rebuke:** 비난하다, 꾸짖다
erase: 지우다, 없애다

5

6

7

8

9

For the choir director: A psalm of David, to be sung
to the tune "Death of the Son."

9

2

3

4

5

6 원수들이 끝없이 파멸하였습니다. 주님께서 그들이 살던 성을 뿌리 뽑으셨기 때문에 이제 아무도 그 성을 기억하지 못합니다.

7 여호와께서는 영원히 다스리십니다. 여호와께서 재판하시기 위해 보좌에 앉아 계십니다.

8 여호와께서는 세상을 정의롭게 판단하실 것이며, 모든 민족들을 공의롭게 다스리실 것입니다.

9 여호와는 억압받는 사람들의 피난처가 되시며, 그들이 어려움 가운데 있을 때에 보호자가 되십니다.

10 여호와여, 주의 이름을 아는 사람들은 모두 주님을 믿고 의지할 것입니다. 왜냐하면 주님은 주님께 오는 자들을 저버리지 않으시기 때문입니다.

11 시온의 왕이신 여호와를 찬양하여라. 여호와께서 행하신 일을 모든 나라들에게 알려라.

12 살인자에게 복수하시는 이가 고통당한 자를 기억하십니다. 여호와는 고통받는 사람들의 외침을 잊지 않으십니다.

13 오 여호와여, 보소서. 얼마나 많은 적들이 나를 대적하는지요! 나를 불쌍히 보시고 내가 죽음의 문을 지날 때에 나를 구해 주소서.

14 그러면 내가 시온 성문들에서 주를 높이 찬양하며, 주님의 구원을 찬송하고 즐거워할 것입니다.

15 모든 나라들은 자기들이 판 구덩이에

6 The enemy is finished, in endless ruins; the cities you uprooted are now forgotten.

7 But the LORD reigns forever, executing judgment from his throne.

8 He will judge the world with justice and rule the nations with fairness.

9 The LORD is a shelter for the oppressed, a refuge in times of trouble.

10 Those who know your name trust in you, for you, O LORD, do not abandon those who search for you.

11 Sing praises to the LORD who reigns in Jerusalem. Tell the world about his unforgettable deeds.

12 For he who avenges murder cares for the helpless. He does not ignore the cries of those who suffer.

13 LORD, have mercy on me. See how my enemies torment me. Snatch me back from the jaws of death.

14 Save me so I can praise you publicly at Jerusalem's gates, so I can rejoice that you have rescued me.

15 The nations have fallen into the pit they dug

---

6 **endless:** 끝없는
ruin: 망치다, 파괴하다
uproot: …을 뿌리째 뽑다
7 **reign:** 통치하다, 다스리다
execute: 집행하다, 이행하다
9 **shelter:** 피난처
oppressed: 억압된, 학대받는
10 **abandon:** 버리다, 유기하다
11 **unforgettable:** 잊을 수 없는, 잊지 못할
12 **avenge:** 복수하다, 원수를 갚다
13 **torment:** 몹시 괴롭히다, 고통을 주다
snatch A from B: B에서 A를 구출하다
14 **publicly:** 공개적으로, 사람들 앞에서
15 **pit:** 구덩이

6

7

8

9

10

11

12

13

14

15

빠졌습니다. 자기들이 숨겨 놓은 그
물에 스스로 걸려들었습니다.
16 여호와께서는 정의로우신 분으로
잘 알려져 있습니다. 악한 자들은
자신들이 놓아 둔 덫에 걸려들게
됩니다. (힉가욘, 셀라)
17 악한 자들은 무덤으로 갈 것입니다.
하나님을 잊어버린 모든 나라들도
그곳으로 갈 것입니다.
18 그러나 가난한 자들이 항상 잊혀지
는 것은 아닙니다. 고통당하는 자들
의 희망이 사라지는 것도 아닙니다.
19 여호와여, 일어나소서! 사람들이
우쭐대지 못하게 하여 주소서. 거
만한 나라들이 주님 앞에서 심판
받게 하여 주소서.
20 여호와여, 저들을 내리치사 자신들은
한낱 사람에 불과하다는 것을 저들
이 알게 하여 주소서. (셀라)

악인의 심판을 구함

10 여호와여, 어찌하여 그토록 멀리 계
십니까? 어찌하여 내가 어려움에
처했을 때에 숨어 계십니까?
2 거만하고 악한 자들이 연약한 자들
을 몹시 괴롭게 합니다. 악한 자들을
그들이 만든 함정에 빠지게 하소서.
3 악한 자들은 자기가 바라는 것을 자
랑하며, 지나치게 욕심이 많은 자들
은 여호와를 배신하며 멸시합니다.
4 악하고 교만한 자들은 하나님을 찾
지 않습니다. 그들의 머릿속에는 도

for others. Their own feet have been caught in
the trap they set.
16 The LORD is known for his justice. The
wicked are trapped by their own deeds. *Quiet
Interlude*
17 The wicked will go down to the grave. This is
the fate of all the nations who ignore God.
18 But the needy will not be ignored forever;
the hopes of the poor will not always be
crushed.
19 Arise, O LORD! Do not let mere mortals defy
you! Judge the nations!
20 Make them tremble in fear, O LORD. Let
the nations know they are merely human.
Interlude
10 O LORD, why do you stand so far away? Why
do you hide when I am in trouble?
2 The wicked arrogantly hunt down the poor.
Let them be caught in the evil they plan for
others.
3 For they brag about their evil desires; they
praise the greedy and curse the LORD.
4 The wicked are too proud to seek God. They
seem to think that God is dead.

16 **the wicked:** 악인
Quiet Interlude: 히브리어 '힉가욘, 셀라'의 번역
17 **grave:** 무덤
fate: 운명, 숙명
ignore: 무시하다
18 **crush:** (희망, 꿈을) 꺾다
19 **mortal:** (유한한) 인간
defy: 대놓고 무시하다
20 **merely:** 단지, 그저
1 **so far away:** 아주 멀리 떨어져있는
2 **arrogantly:** 거만하게
3 **brag:** 자랑하다, 뽐내다
greedy: 탐욕스러운
curse: 저주, 악담

16

17

18

19

20

10

2

3

4

10:5~10:13 | PSALMS

무지 하나님이 계시지 않습니다.
5 그런데 그들은 항상 번영하는 삶을 누리며 주님의 가르침과는 거리가 먼 삶을 살고 있습니다.
6 그들은 속으로, "내게 나쁜 일은 하나도 일어나지 않을 거야. 나는 절대로 실패하지 않을 거야"라고 말합니다.
7 그들의 입은 욕지거리와 거짓말, 협박하는 말들이 가득하고 온갖 저주와 악한 말들을 내뱉습니다.
8 그들은 마을 근처에 몰래 숨어서 기다립니다. 숲에 숨어서 기다리다가 무고한 사람들을 죽입니다.
9 그들은 사자처럼 숨어서 기다립니다. 힘없는 사람들을 잡아 죽이려고 숨어서 기다립니다. 힘없는 사람들을 그물로 잡아 질질 끌고 갑니다.
10 잡힌 자들은 짓밟히고 쓰러집니다. 그들은 힘없이 쓰러질 뿐입니다.
11 그들은 속으로 말하기를, "하나님께서 우리를 잊어 버리셨어. 무슨 일이 일어나고 있는지 보고 계시지 않아"라고 합니다.
12 여호와여, 일어나소서. 오 하나님이여, 주님의 손을 들어 주소서. 힘없는 사람들을 잊지 마소서.
13 어찌하여 악한 사람들이 하나님을 업신여긴단 말입니까? 어찌하여 그들은 속으로 "하나님은

5 Yet they succeed in everything they do. They do not see your punishment awaiting them. They sneer at all their enemies.
6 They think, "Nothing bad will ever happen to us! We will be free of trouble forever!"
7 Their mouths are full of cursing, lies, and threats. Trouble and evil are on the tips of their tongues.
8 They lurk in ambush in the villages, waiting to murder innocent people. They are always searching for helpless victims.
9 Like lions crouched in hiding, they wait to pounce on the helpless. Like hunters they capture the helpless and drag them away in nets.
10 Their helpless victims are crushed; they fall beneath the strength of the wicked.
11 The wicked think, "God isn't watching us! He has closed his eyes and won't even see what we do!"
12 Arise, O LORD! Punish the wicked, O God! Do not ignore the helpless!
13 Why do the wicked get away with despising God? They think, "God will never call us to

5 **punishment:** 처벌
await: (사물이 사람을) 기다리다
sneer: 비웃다, 냉소하다
6 **be free of:** …에서 자유롭다
7 **cursing:** 저주, 악담을 퍼붓기
threat: 위협, 협박
8 **lurk:** 숨어 기다리다
ambush: 매복
victim: 피해자, 희생자
9 **crouch:** 숙이다, 웅크리다
pounce: 갑자기 덤벼들다
10 **beneath:** 밑에, 낮은 곳에
13 **despise:** 경멸하다, 멸시하다
call A to account: A에게 책임을 추궁하다

5

6

7

8

9

10

11

12

13

우리에게 책임을 묻지 않을 거
야"라고 한단 말입니까?
14 그러나 주께서는 고통당하는 자
들의 고통과 슬픔을 보고 계실
것입니다. 주께서는 그들의 고통
과 슬픔을 속속들이 잘 아실 것
입니다. 고통당하는 자들이 주
께 도움을 구합니다. 주는 고아
들을 돕는 자가 아니십니까!
15 악한 자들과 못된 자들의 팔을 꺾어
주소서. 그들의 악행을 철저하게 찾
아 내어 무거운 책임을 물으시고 벌
을 내려 주소서.
16 여호와께서는 영원한 왕이십니
다. 주님께 대항하는 나라들은
주님의 땅에서 사라질 것입니다.
17 여호와여, 고통당하는 자들의
소원을 들어 보십시오. 그들을
격려해 주소서. 그들의 부르짖음
에 귀 기울여 주소서.
18 고아들과 핍박받는 자들을 변호
해 주소서. 그러면 땅의 사람들
이 그들을 더 이상 공포에 몰아
넣지 못할 것입니다.

여호와를 신뢰함 – 다윗의 시. 지휘자를 따라 부른 노래

11 내가 여호와께 피신합니다. 그런
데 어찌하여 너희들은 나에게
이런 소리를 하는가? "새처럼 산
으로 도망쳐라.
2 보라, 악한 자들이 사냥꾼처럼

account."
14 But you see the trouble and grief they cause.
You take note of it and punish them. The
helpless put their trust in you. You defend the
orphans.
15 Break the arms of these wicked, evil people! Go
after them until the last one is destroyed.
16 The LORD is king forever and ever! The godless
nations will vanish from the land.
17 LORD, you know the hopes of the helpless. Surely
you will hear their cries and comfort them.
18 You will bring justice to the orphans and the
oppressed, so mere people can no longer terrify
them.

For the choir director: A psalm of David.

11 I trust in the LORD for protection. So why do
you say to me, "Fly like a bird to the mountains
for safety!
2 The wicked are stringing their bows and fitting
their arrows on the bowstrings. They shoot
from the shadows at those whose hearts are
right.
3 The foundations of law and order have
collapsed. What can the righteous do?"

14 **grief:** 슬픔
orphan: 고아
15 **go after:** (범인 등을) 추적하다
16 **vanish:** 사라지다, 자취를 감추다
17 **surely:** 분명히, 틀림없이
comfort: 위로하다, 격려하다
18 **oppressed:** 학대받고 있는 사람들
terrify: 겁나게 하다
1 **protection:** 보호
2 **string:** 활 시위의 팽팽함을 조절하다
fit A on B: A를 B에 맞추다, 끼우다
bowstring: 활의 시위
3 **foundation:** 기반, 토대, 터
collapse: 붕괴하다, 무너지다

14

15

16

17

18

For the choir director: A psalm of David.

11

2

3

활을 당기고, 화살을 쏘려고 한다. 어
두운 곳에서 정직한 사람들을 향해
활을 쏘고 있다.
3 터가 무너져 내리는데 의로운 사람들이
할 수 있는 일이 무엇이겠는가?"
4 여호와께서 성전에 계시며, 여호와의 보
좌는 하늘 높이 있습니다. 그리고 사람들
을 눈여겨 보십니다. 눈길을 떼시지 않고
사람들을 자세히 살피십니다.
5 여호와는 의로운 사람들은 사랑하시
지만 악한 자들과 다른 사람을 해치려
는 사람들은 미워하십니다.
6 여호와는 악한 자들 위에 숯불과 유황불
을 비오듯 쏟아 부을 것입니다. 태워 버리
는 불바람이 그들의 운명이 될 것입니다.
7 여호와는 의로우시며, 정의를 사랑하
십니다. 정직한 사람들이 그분의 얼굴
을 보게 될 것입니다.

타락한 시대에 대한 간구의 기도 - 다윗의 시.
지휘자를 따라 낮은 음에 맞춰 부른 노래

12 여호와여! 도와주소서. 진실한 사람들
이 없습니다. 충성스런 사람들을 이 땅
에서 찾아볼 수가 없습니다.
2 사람들은 저마다 이웃들에게 거짓말
을 합니다. 그들은 간사한 입술로 다
른 사람을 속입니다.
3 여호와께서 교활한 입술을 멈추게 해 주
소서. 자랑하는 이들의 혀를 끊어 주소서.
4 그들은 "우리 입으로 우리가 말하는데,
우리 혀로 우리가 말하는데, 누가 우리
를 막는단 말인가?"라고 말합니다.

4 But the LORD is in his holy Temple; the
LORD still rules from heaven. He watches
everyone closely, examining every person
on earth.
5 The LORD examines both the righteous
and the wicked. He hates those who love
violence.
6 He will rain down blazing coals and
burning sulfur on the wicked, punishing
them with scorching winds.
7 For the righteous LORD loves justice. The
virtuous will see his face.

For the choir director: A psalm of David, to be accompanied by an eight-stringed instrument.

12 Help, O LORD, for the godly are fast
disappearing! The faithful have vanished
from the earth!
2 Neighbors lie to each other, speaking with
flattering lips and deceitful hearts.
3 May the LORD cut off their flattering lips
and silence their boastful tongues.
4 They say, "We will lie to our hearts' content.
Our lips are our own–who can stop us?"

4 **closely:** 면밀하게, 공들여
examine: 살펴보다, 검사하다
5 **violence:** 폭력, 난폭
6 **blazing:** 불타는
coals: 석탄
sulfur: 유황
scorching: 타는 듯한, 몹시 뜨거운
7 **virtuous:** 도덕적인, 덕 있는
1 **disappear:** 사라지다, 없어지다
faithful: 충실한, 신실한
vanish: 사라지다, 자취를 감추다
2 **flattering:** 아첨하는, 아부하는
deceitful: 기만적인, 사기의
3 **boastful:** 자랑하는

4

5

6

7

For the choir director: A psalm of David,

to be accompanied by an eight-stringed instrument.

12

2

3

4

5 그렇지만 여호와께서 이렇게 말씀하
십니다. "연약한 사람들이 핍박을
받고 가난한 자들이 신음하고 있으
니 이제 내가 일어날 것이다. 그들을
고통스럽게 하는 자들로부터 보호
할 것이다."
6 여호와의 말씀은 참입니다. 도가니
에서 일곱 번 걸러 낸 은과 같습니
다.
7 여호와여! 저희를 안전하게 지켜 주
소서. 그런 악한 자들로부터 끝까지
보살펴 주소서.
8 이 땅 어디에서나 더러운 일들이 판
을 치고, 악한 자들이 거침없이 활
개치고 다닙니다.

하나님을 신뢰하며 기다림 – 다윗의 시. 지휘자를 따라 부른 노래

13 여호와여! 언제까지 나를 잊고 계실
것입니까? 언제까지 숨어 계실 것입
니까?
2 언제까지 내가 걱정해야 합니까? 언
제까지 내가 날마다 슬퍼해야 됩니
까? 언제까지 원수가 나를 보고 우
쭐대어야 한단 말입니까?
3 오 주님, 나의 하나님이시여, 나를
보시고 내게 대답해 주소서. 내 눈
을 밝혀 주소서. 그렇지 않으면 나
는 죽음의 잠을 잘 것입니다.
4 나의 원수들이 "내가 이겼다!"라고 말
하지 못하게 해 주소서. 내가 쓰러질
때, 나의 원수들이 기뻐할 것입니다.

5 The LORD replies, "I have seen violence done
to the helpless, and I have heard the groans
of the poor. Now I will rise up to rescue
them, as they have longed for me to do."
6 The LORD's promises are pure, like silver
refined in a furnace, purified seven times
over.
7 Therefore, LORD, we know you will protect
the oppressed, preserving them forever from
this lying generation,
8 even though the wicked strut about, and evil
is praised throughout the land.

For the choir director: A psalm of David.

13 O LORD, how long will you forget me?
Forever? How long will you look the other
way?
2 How long must I struggle with anguish in
my soul, with sorrow in my heart every day?
How long will my enemy have the upper
hand?
3 Turn and answer me, O LORD my God!
Restore the sparkle to my eyes, or I will die.
4 Don't let my enemies gloat, saying, "We have
defeated him!" Don't let them rejoice at my

5 **groan:** 신음하다, 괴로워하다
6 **refine:** 정제하다, 불순물을 제거하다
furnace: 용광로, 화덕
purify: 정화하다, 정제하다
7 **preserve A from B:** B에서 A를 보호하다
generation: 세대
8 **strut:** 뽐내며 걷다

2 **struggle:** 분투하다, 애쓰다
anguish: 고통, 비통
3 **restore:** 복원하다, 회복하다
sparkle: 반짝이다, 빛나다
4 **gloat:** 고소한 듯이 바라보다
defeat: 패배시키다, 물리치다
downfall: 몰락, 파멸

5

6

7

8

For the choir director: A psalm of David.

13

2

3

4

5 나는 주의 변함없는 사랑을 믿습니
다. 내 마음이 주님의 구원을 기뻐
합니다.
6 내가 여호와를 노래할 것입니다. 왜
냐하면 여호와께서 내게 은혜를 베
푸셨기 때문입니다.

어리석은 무신론자들 - 다윗의 시.
지휘자를 따라 부른 노래

14 어리석은 자는 마음속으로 말하기
를, "하나님은 없다"라고 합니다. 그들
의 행위는 더럽고 썩었으며, 선한 일
을 행하는 사람이 아무도 없습니다.
2 여호와께서 하늘에서 땅의 사람들
을 굽어보시니, 지혜로운 사람이 있
는지 하나님을 찾는 사람이 있는지
살펴보고자 하심입니다.
3 그러나 모든 사람들이 뒤돌아서서
잘못된 길로 갔습니다. 그들 모두가
썩은 것입니다. 선한 일을 하는 사
람이 하나도 없습니다.
4 악한 자들이 언제쯤 깨닫겠습니까?
그들은 내 백성을 빵 먹어 치우듯이
먹어 버리고, 여호와를 부르지 않습
니다.
5 그러나 악한 자들은 두려워 떨 것입니
다. 왜냐하면 하나님께서 의롭게 사는
사람들과 함께하시기 때문입니다.
6 저희 악한 자들은 가난한 사람들의
계획들을 방해하려 하지만 여호와
께서는 가난한 사람들의 피난처가
되십니다.

downfall.
5 But I trust in your unfailing love. I will rejoice
because you have rescued me.
6 I will sing to the LORD because he is good to
me.

For the choir director: A psalm of David.

14 Only fools say in their hearts, "There
is no God." They are corrupt, and their
actions are evil; not one of them does
good!
2 The LORD looks down from heaven on the
entire human race; he looks to see if anyone
is truly wise, if anyone seeks God.
3 But no, all have turned away; all have
become corrupt. No one does good, not a
single one!
4 Will those who do evil never learn? They
eat up my people like bread and wouldn't
think of praying to the LORD.
5 Terror will grip them, for God is with those
who obey him.
6 The wicked frustrate the plans of the
oppressed, but the LORD will protect his
people.

5 **unfailing:** 기대에 어긋나지 않는, 확실한
rescue: 구조하다, 구출하다
1 **corrupt:** 부정한, 타락한
2 **entire:** 전체의
race: 인종, 일족
seek: 찾다, 추구하다
3 **single one:** 단 하나

5 **terror:** 공포, 두려움
grip: 잡다, 사로잡다
obey: 복종하다, 따르다
6 **the wicked:** 악인
frustrate: 좌절시키다
oppressed: 학대받고 있는 사람들
protect: 보호하다, 지키다

5

6

For the choir director: A psalm of David.

14

2

3

4

5

6

7 이스라엘을 위한 구원이 시온으로부터 올 것입니다! 여호와께서 그의 백성의 운명을 회복시키실 때에 야곱은 즐거워할 것이고, 이스라엘은 기뻐할 것입니다.

주님의 장막에 거할 자 – 다윗의 시

15 여호와여, 주님의 거룩한 장막에 살 자가 누구입니까? 주님의 거룩한 산에 살 자가 누구입니까?

2 깨끗하게 살고, 옳은 일을 행하며, 마음으로부터 진실만을 말하고,

3 입으로 다른 사람을 모함하지 않는 사람입니다. 이웃에게 해를 끼치지 않고, 이웃을 모욕하지 않는 사람입니다.

4 악한 자들을 경멸하되 여호와를 두려워하는 이들을 높이는 사람입니다. 손해가 나더라도 맹세를 지키는 사람입니다.

5 많은 이자를 받고 돈을 꾸어 주거나 죄 없는 사람을 뇌물을 받고 억울하게 하는 사람이 아닙니다. 이렇게 사는 사람은 영원히 흔들리지 않을 것입니다.

성도된 자의 기쁨 – 다윗의 믹담

16 하나님이시여, 나를 보호해 주소서. 내가 주께로 피합니다.

2 내가 여호와께 말합니다. "당신은 나의 주님이시니 주님을 떠나서는 어디에도, 나의 행복이 없습니다."

7 Who will come from Mount Zion to rescue Israel? When the LORD restores his people, Jacob will shout with joy, and Israel will rejoice.

A psalm of David.

15 Who may worship in your sanctuary, LORD? Who may enter your presence on your holy hill?

2 Those who lead blameless lives and do what is right, speaking the truth from sincere hearts.

3 Those who refuse to gossip or harm their neighbors or speak evil of their friends.

4 Those who despise flagrant sinners, and honor the faithful followers of the LORD, and keep their promises even when it hurts.

5 Those who lend money without charging interest, and who cannot be bribed to lie about the innocent. Such people will stand firm forever.

A psalm of David.

16 Keep me safe, O God, for I have come to you for refuge.

2 I said to the LORD, "You are my Master! Every

7 **restore:** 회복시키다, 복원하다
1 **sanctuary:** 성막, 성소
presence: 존재
2 **blameless:** 비난할 여지가 없는
sincere: 진실한, 참된
3 **gossip:** 험담, 소문
harm: 해치다, 피해를 입히다
4 **despise:** 경멸하다, 멸시하다
flagrant: 악명높은, 극악한
faithful: 충실한, 신실한
5 **interest:** 이자
bribe: 뇌물을 주다
1 **refuge:** 피난처
2 **master:** 주인, 소유자

7

A psalm of David.

15

2

3

4

5

A psalm of David.

16

2

3 이 세상에 있는 성도들은 영광스런
사람들입니다. 나는 그 사람들을 자
랑스럽게 생각합니다.
4 그러나 다른 신들을 따라가는 사람
들은 커다란 쓰라림을 맛볼 것입니
다. 나는 그런 우상들에게 피의 잔
을 바치지 않겠으며, 그 이름조차 부
르지 않겠습니다.
5 여호와는 내가 받을 재산과 마실
잔을 정해 주셨습니다. 여호와는 내
가 받을 몫을 안전하게 보호해 주십
니다.
6 주께서 주신 땅은 매우 좋은 곳입니
다. 정말로 나는 아름다운 몫을 받
았습니다.
7 여호와께서 내 갈 길을 보이시니 내
가 여호와를 찬양합니다. 밤에도 주
께서 이끄심을 마음으로 느낍니다.
8 나는 늘 내 앞에 여호와를 모셔 두었습
니다. 주님께서 늘 내 오른편에 계시므
로 내가 결코 흔들리지 않을 것입니다.
9 그러므로 내 마음이 기쁘고, 내 목소
리를 높여 주님을 노래합니다. 내 몸
이 편안히 쉴 수 있습니다.
10 그것은 주님께서 나를 무덤에 내버
려 두지 않으시고, 주님께서 주님의
거룩한 자를 썩지 않게 하실 것이기
때문입니다.
11 주님께서 내게 생명의 길을 보여 주셨
으니, 주님의 앞에서는 나의 기쁨이
항상 넘치고, 주님의 오른편에 있으면

good thing I have comes from you."
3 The godly people in the land are my true
heroes! I take pleasure in them!
4 Troubles multiply for those who chase after
other gods. I will not take part in their
sacrifices of blood or even speak the names
of their gods.
5 LORD, you alone are my inheritance, my
cup of blessing. You guard all that is
mine.
6 The land you have given me is a pleasant
land. What a wonderful inheritance!
7 I will bless the LORD who guides me; even at
night my heart instructs me.
8 I know the LORD is always with me. I will not
be shaken, for he is right beside me.
9 No wonder my heart is glad, and I rejoice. My
body rests in safety.
10 For you will not leave my soul among the
dead or allow your holy one to rot in the
grave.
11 You will show me the way of life, granting
me the joy of your presence and the pleasures
of living with you forever.

3 **godly:** 신의 뜻에 순종하는
take pleasure in: …을 자랑스럽게 생각하다
4 **multiply:** 크게 증가하다
chase after: 추구하다, 따라가다
god: 신, 우상
take part in: 참가하다, 참여하다
sacrifice: 희생, 제물
5 **inheritance:** 상속
7 **instruct:** 가르치다, 지시하다
8 **beside:** 곁에, 가까이에
10 **among:** 사이에, …중에
allow: 허락하다, 허가하다
rot: 썩다, 낡다
11 **grant:** 부여하다, 주다

3

4

5

6

7

8

9

10

11

언제까지나 기쁨을 맛볼 것입니다.

보호를 구하는 기도 – 다윗의 시

17 여호와여, 나의 의로운 간청을 들어
보소서. 나의 부르짖음에 귀 기울여
들어 보소서. 내 기도에 귀를 기울
여 주소서. 내 기도는 결코 거짓되
지 않습니다.
2 주께서 내가 옳다고 판단하실 것입
니다. 주의 눈은 결백한 사람을 알
아보실 수 있을 것입니다.
3 주께서 내 마음을 살펴보시고, 밤에
도 나를 조사하셨습니다. 잘못을 찾
으려 하셨으나 아무 잘못도 발견하지
못하셨습니다. 나는 입으로 죄를 짓
지 않겠다고 결심했습니다.
4 다른 사람들이 어떻게 행동하든지
상관없이 나는 주님의 말씀을 따랐
습니다. 나는 악한 자들의 길을 따르
지 않고 내 자신을 보살폈습니다.
5 나는 주께서 가라고 하신 길로만 갔
고, 곁길로 간 적이 없습니다.
6 오 하나님, 내가 지금 주님을 부르니
나의 부르짖음에 대답해 주소서. 내
게 귀를 기울이시고 나의 기도에 응
답해 주소서.
7 주님의 놀라운 큰 사랑을 내게 베
풀어 주소서. 원수들을 피해 주께
오는 자들에게 주님은 능력의 오
른손으로 구원을 베푸시는 분이십
니다.
8 주님의 눈동자처럼 나를 지켜 주소

A prayer of David.

17 O LORD, hear my plea for justice. Listen to my
cry for help. Pay attention to my prayer, for it
comes from honest lips.
2 Declare me innocent, for you see those who
do right.
3 You have tested my thoughts and examined
my heart in the night. You have scrutinized me
and found nothing wrong. I am determined
not to sin in what I say.
4 I have followed your commands, which
keep me from following cruel and evil
people.
5 My steps have stayed on your path; I have
not wavered from following you.
6 I am praying to you because I know you will
answer, O God. Bend down and listen as I
pray.
7 Show me your unfailing love in wonderful
ways. By your mighty power you rescue
those who seek refuge from their
enemies.
8 Guard me as you would guard your own
eyes. Hide me in the shadow of your

1 **plea:** 탄원, 호소
pay attention to: …에 주의를 기울이다
2 **declare:** 선언하다, 단언하다
3 **examine:** 살펴보다, 검사하다
scrutinize: 정밀하게 조사하다
determine: 결심하다, 정하다
4 **command:** 명령
cruel: 잔인한, 무자비한
5 **path:** 길, 경로
waver: 흔들리다, 머뭇거리다
6 **bend down:** 몸을 구부리다
7 **unfailing:** 기대에 어긋나지 않는, 확실한
mighty: 강력한, 힘이 있는
refuge: 피난처

A prayer of David.

17

2

3

4

5

6

7

8

서. 어미새가 날개 아래로 새끼들을
숨기듯이 나를 보호해 주소서.
9 나를 공격하는 악한 자들로부터 지
켜 주소서. 나를 둘러싸고 있는 무
서운 원수들로부터 보호해 주소서.
10 그들의 마음은 기름기로 굳어졌고
거만하게 말합니다.
11 나를 좇아와서 이제는 나를 둘러싸
고 있습니다. 나를 땅에 메어치려고
노려보고 있습니다.
12 그들은 먹이에 굶주린 사자 같기도
하고, 숨어서 노려보는 무서운 사자
와도 같습니다.
13 여호와여, 일어나시어 적과 맞서십
시오. 그들을 때려눕히십시오. 주님
의 칼로 악한 자들을 치시고 나를
건져 주십시오.
14 여호와여, 주님의 능력의 손으로 그
들에게서 나를 구원하여 주소서. 이
세상에서 받을 몫을 다 받고 사는
그들에게서 나를 구원하여 주소서.
주님은 주님이 기뻐하시는 자들의
배고픔을 채워 주실 것입니다. 그들
의 자녀들은 풍족할 것입니다. 그들
은 자손들을 위해 많은 재산을 쌓
을 것입니다.
15 그리고 나는 떳떳하게 주님의 얼굴
을 바라볼 것입니다. 이 밤이 지나
깨어날 때에 나는 주님의 모습을 보
는 것으로 만족할 것입니다.

wings.
9 Protect me from wicked people who attack
me, from murderous enemies who surround
me.
10 They are without pity. Listen to their
boasting!
11 They track me down and surround me,
watching for the chance to throw me to the
ground.
12 They are like hungry lions, eager to tear me
apart–like young lions hiding in ambush.
13 Arise, O LORD! Stand against them, and bring
them to their knees! Rescue me from the
wicked with your sword!
14 By the power of your hand, O LORD, destroy
those who look to this world for their
reward. But satisfy the hunger of your
treasured ones. May their children have
plenty, leaving an inheritance for their
descendants.
15 Because I am righteous, I will see you. When
I awake, I will see you face to face and be
satisfied.

9 **wicked:** 악인
murderous: 살인적인, 극도로 무자비한
10 **pity:** 동정, 연민
boasting: 자랑, 과시
11 **track down:** 잡다, 바짝 좇다
throw: 던지다, 팽개치다
12 **eager:** 갈망하는, 열망하는
tear: 찢다
ambush: 매복하다, 숨어 기다리다
14 **destroy:** 파괴하다, 파멸시키다
reward: 보상, 대가
plenty: 많음, 풍부함
inheritance: 상속, 유전
descendant: 자손, 후손

9

10

11

12

13

14

15

승리의 노래 – 지휘자를 따라 부른 노래. 여호와의 종 다윗의 시. 여호와께서 사울과 다른 적들로부터 자신을 구해 주셨을 때

18 나의 힘이 되신 여호와여! 내가 주님을 사랑합니다.
2 여호와는 나의 반석, 나의 요새, 나의 구원자이십니다. 나의 하나님은 피할 바위이십니다. 주님은 나의 방패, 구원하시는 뿔, 나의 산성이십니다.
3 내가 찬양받기에 합당하신 여호와께 부르짖으니 그가 나를 수많은 원수들로부터 구하실 것을 확신합니다.
4 죽음의 줄이 나를 묶고, 멸망의 물살이 나를 덮쳤습니다.
5 무덤의 줄이 나를 묶고, 죽음의 덫이 나를 덮었습니다.
6 고통 중에 내가 여호와를 불렀고, 나의 하나님께 도와 달라고 부르짖었습니다. 저가 성전에서 내 목소리를 들으셨으며, 울부짖는 내 외침이 그의 귀에 들렸습니다.
7 땅이 떨리고 뒤흔들리며, 산들의 뿌리가 흔들리기 시작했습니다. 이는 주님께서 노하셨기 때문입니다.
8 코에서는 연기를 뿜어 내시고, 입으로는 타오르는 불길을 토해 내셨습니다. 불타는 숯불이 주님의 입으로부터 터져 나왔습니다.

For the choir director: A psalm of David, the servant of the LORD. He sang this song to the LORD on the day the LORD rescued him from all his enemies and from Saul. He sang:

18 I love you, LORD; you are my strength.
2 The LORD is my rock, my fortress, and my savior; my God is my rock, in whom I find protection. He is my shield, the power that saves me, and my place of safety.
3 I called on the LORD, who is worthy of praise, and he saved me from my enemies.
4 The ropes of death entangled me; floods of destruction swept over me.
5 The grave wrapped its ropes around me; death laid a trap in my path.
6 But in my distress I cried out to the LORD; yes, I prayed to my God for help. He heard me from his sanctuary; my cry to him reached his ears.
7 Then the earth quaked and trembled. The foundations of the mountains shook; they quaked because of his anger.
8 Smoke poured from his nostrils; fierce flames leaped from his mouth. Glowing coals blazed forth from him.

1 **strength:** 힘, 능력
2 **fortress:** 요새
savior: 구세주, 구원자
3 **worthy of:** …할 가치가 있는
4 **entangle:** 말려들게 하다, 얽히게 하다
sweep: 쓸다, 휙 지나가다
6 **distress:** 고통, 곤란
sanctuary: 성막, 성소
7 **quake:** 떨다, 진동하다
foundation: 기초, 기반
8 **pour from:** …에서 자꾸 흐르다, 쏟아져 나오다
nostril: 콧구멍
fierce: 맹렬한, 사나운
blaze: 불꽃

For the choir director: A psalm of David, the servant of the LORD.
He sang this song to the LORD on the day the LORD rescued him
from all his enemies and from Saul. He sang:

18

2

3

4

5

6

7

8

9 저가 하늘을 가르시고 내려오셔서 검은 구름을 발로 밟고 계셨습니다.
10 날개 달린 생물인 그룹을 타고 날아오셨습니다. 바람 날개를 타고 내려오셨습니다.
11 어두움으로 몸을 덮으셔서 천막을 만드셨으며 어두운 비가 하늘을 덮었습니다.
12 그 앞에 빛난 빛으로부터 짙은 구름이 나왔으며 우박이 내리고 번개가 쳤습니다.
13 여호와께서 하늘로부터 천둥 소리를 내셨습니다. 가장 높으신 하나님의 목소리가 울리기 시작했습니다.
14 주님께서 활을 쏘시어 원수들을 흩어 쫓으셨습니다. 번개를 내리치시니 원수들이 놀라서 도망쳤습니다.
15 여호와께서 꾸짖으시고 콧김을 세차게 불자 바닷속 골짜기들이 드러나고 땅의 밑바닥이 훤히 드러나 보였습니다.
16 주님께서 높은 곳에서 손을 뻗으시어 나를 잡으시고, 깊은 물 속에서 건져 내셨습니다.
17 주님께서 힘센 원수들로부터 나를 구해 주셨습니다. 내가 감당하기에 그들은 너무나 힘센 자들이었습니다.
18 내가 재난 가운데 있을 때, 그들이 내게 달려들었지만 여호와는 나를

9 He opened the heavens and came down; dark storm clouds were beneath his feet.
10 Mounted on a mighty angelic being, he flew, soaring on the wings of the wind.
11 He shrouded himself in darkness, veiling his approach with dark rain clouds.
12 Thick clouds shielded the brightness around him and rained down hail and burning coals.
13 The LORD thundered from heaven; the voice of the Most High resounded amid the hail and burning coals.
14 He shot his arrows and scattered his enemies; great bolts of lightning flashed, and they were confused.
15 Then at your command, O LORD, at the blast of your breath, the bottom of the sea could be seen, and the foundations of the earth were laid bare.
16 He reached down from heaven and rescued me; he drew me out of deep waters.
17 He rescued me from my powerful enemies, from those who hated me and were too strong for me.
18 They attacked me at a moment when I was in

9 **beneath:** 밑에, 아래에
10 **angelic:** 천사의, 천사 같은
soaring: 날아오르다
11 **shroud:** 덮다, 싸서 가리다
veil: 가리다, 감추다
approach: 다가옴, 접근
12 **thick:** 짙은, 두꺼운
hail: 우박
13 **resound:** 울려 퍼지다
amid: …의 한복판에
14 **scatter:** 흩어지다, 분산하다
confused: 혼란한, 당황한
15 **blast:** 돌풍, 강한 바람
bare: 드러내다

9

10

11

12

13

14

15

16

17

18

18:19~18:28 | PSALMS

붙잡아 주셨습니다.
19 여호와께서 나를 안전한 곳으로 데
리고 가시고, 나를 기뻐하심으로 구
원해 주셨습니다.
20 내가 옳은 일을 하므로 여호와께서 내
게 상을 내리셨으며, 깨끗하게 살았다
고 여호와께서 내게 복을 주셨습니다.
21 나는 여호와의 길을 따랐습니다. 나
의 하나님을 떠나 나쁜 짓을 하지
않았습니다.
22 나는 항상 주님의 법을 앞에 두고 살았
고, 그분의 법을 저버린 적이 없습니다.
23 나는 하나님 앞에서 나무랄 데 없이
살았고, 죄에 빠지지 않도록 조심하
였습니다.
24 내가 옳은 일을 하니 여호와께서 내게
상을 내리셨으며, 깨끗하게 살았다고
여호와께서 내게 복을 주셨습니다.
25 신실한 사람들에게는 주의 신실하심
을 보여 주시고, 흠 없는 사람들에게
는 주의 흠 없음을 보여 주십니다.
26 마음이 깨끗한 사람들에게는 주의
깨끗하심을 보여 주십니다. 그러나
주님은 못된 사람들에게는 못되게
갚아 주시는 분이십니다.
27 주는 겸손한 사람들을 구원하시지
만, 거만한 눈을 가진 사람들은 초
라하게 만드십니다.
28 여호와께서 내 등잔에 불을 붙여 주
셨습니다. 나의 하나님께서 나를 둘
러싼 어두움을 빛으로 바꾸셨습니다.

distress, but the LORD supported me.
19 He led me to a place of safety; he rescued
me because he delights in me.
20 The LORD rewarded me for doing right; he
restored me because of my innocence.
21 For I have kept the ways of the LORD; I
have not turned from my God to follow
evil.
22 I have followed all his regulations; I have
never abandoned his decrees.
23 I am blameless before God; I have kept
myself from sin.
24 The LORD rewarded me for doing right. He
has seen my innocence.
25 To the faithful you show yourself
faithful; to those with integrity you show
integrity.
26 To the pure you show yourself pure,
but to the crooked you show yourself
shrewd.
27 You rescue the humble, but you humiliate
the proud.
28 You light a lamp for me. The LORD, my God,
lights up my darkness.

18 **support:** 지지하다, 뒷받침하다
19 **delight in:** …을 기쁨으로 받아들이다
20 **reward:** 상을 주다
21 **turn from:** 그만두다, 버리다
22 **regulation:** 규칙, 법규
abandon: 버리다, 유기하다
decree: 명령, 법령
23 **blameless:** 비난할 여지가 없는, 나무랄 데 없는
25 **faithful:** 충실한, 신실한
integrity: 고결, 흠이 없는 상태
26 **crook:** 사기꾼, 악한 사람
shrewd: 빈틈없는, 약삭빠른
27 **humble:** 겸손한
humiliate: 창피를 주다, 모욕하다

19

20

21

22

23

24

25

26

27

28

29 주님의 도우심으로 나는 군대와 같
은 원수들을 칠 수 있습니다. 나의
하나님과 함께 나는 어떤 담이라도
뛰어넘을 수 있습니다.
30 하나님의 길은 완전합니다. 여호와
의 말씀은 티가 없습니다. 저가 자기
에게 피하는 모든 자들에게 방패가
되십니다.
31 여호와 외에 누가 하나님이란 말입니
까? 우리 하나님 외에 든든한 바위와
같은 자가 누구란 말입니까?
32 나에게 힘을 주시고, 나의 가는 길을
완전케 하시는 분은 하나님이십니다.
33 주님은 나의 발을 암사슴 발같이 하
여, 가파른 산등성 위에 굳게 서도
록 하십니다.
34 내가 싸우도록 주님은 내 손에 힘을
길러 주셔서 내 팔은 놋활도 당길
수 있습니다.
35 주님께서 승리의 방패를 내게 들려
주셨고, 주님의 오른손이 나를 받쳐
주십니다. 주의 온유함이 나를 크게
하셨습니다.
36 주님께서 나의 가는 길을 넓히시어
내 발이 미끄러지지 않게 하십니다.
37 내가 내 원수들을 쫓아가 잡았으며
원수들이 패하여 망하기 전까지는
물러서지 않았습니다.
38 원수들이 다시 일어나지 못하도록
때려눕히니 그들이 내 발 밑에 쓰러
졌습니다.

29 In your strength I can crush an army; with
my God I can scale any wall.
30 God's way is perfect. All the LORD's promises
prove true. He is a shield for all who look to
him for protection.
31 For who is God except the LORD? Who but
our God is a solid rock?
32 God arms me with strength, and he makes
my way perfect.
33 He makes me as surefooted as a deer,
enabling me to stand on mountain
heights.
34 He trains my hands for battle; he strengthens
my arm to draw a bronze bow.
35 You have given me your shield of victory.
Your right hand supports me; your help has
made me great.
36 You have made a wide path for my feet to
keep them from slipping.
37 I chased my enemies and caught them; I did
not stop until they were conquered.
38 I struck them down so they could not get up;
they fell beneath my feet.
39 You have armed me with strength for the

29 **crush:** 괴멸시키다, 무찌르다
scale: 오르다
31 **except:** …을 제외하고, …외에
solid: 견고한, 단단한
33 **surefooted:** 발걸음이 확실한, 틀림이 없는
enable: 할 수 있게 하다
34 **battle:** 싸움, 전투
bronze: 청동
36 **keep A from …ing:** A가 …하지 않게 하다
37 **chase:** 쫓아가다
conquer: 정복하다
38 **strike down:** 쓰러뜨리다
beneath: 밑에, 아래에
39 **subdue:** 복종시키다, 압도하다

29

30

31

32

33

34

35

36

37

38

39

39 주님은 싸움터에서 내게 힘을 주셨
습니다. 원수들을 내 앞에 엎드리게
하셨습니다.
40 주님 앞에서 원수들이 도망쳤습니
다. 나는 내 원수들을 남김없이 물
리쳤습니다.
41 원수들이 도와 달라고 소리쳤지만,
아무도 그들을 도우러 오지 않았습
니다. 여호와께 부르짖었지만, 들은
체도 하지 않으셨습니다.
42 내가 원수들을 바람에 나는 먼지처
럼 부수어 날려 보내고, 길바닥의 진
흙처럼 쏟아 버렸습니다.
43 주님은 백성들이 나를 공격할 때 나
를 건져 주셨고, 뭇 나라들의 으뜸
으로 삼으셨습니다. 내가 알지도 못
하는 민족들마저도 나를 섬기게 되
었습니다.
44 내 소문을 듣고는 그들이 당장 내게
엎드립니다. 다른 나라 사람들이 내
게 무릎을 꿇습니다.
45 모두가 두려워하여 벌벌 떨면서 그들
의 요새로부터 기어 나옵니다.
46 여호와께 영광을 돌립니다! 나의 바위
에게 찬양을 드립니다. 나의 구원자
하나님을 높이 찬송합니다!
47 그분은 나의 원한을 갚아 주시는 하
나님이시며, 사람들을 내 발 앞에 엎
드리게 하는 분이시며,
48 나를 원수들에게서 구하시는 분이
십니다. 주는 내 원수들 위에 나를

battle; you have subdued my enemies under
my feet.
40 You placed my foot on their necks. I have
destroyed all who hated me.
41 They called for help, but no one came to their
rescue. They even cried to the LORD, but he
refused to answer.
42 I ground them as fine as dust in the wind. I
swept them into the gutter like dirt.
43 You gave me victory over my accusers. You
appointed me ruler over nations; people I
don't even know now serve me.
44 As soon as they hear of me, they submit;
foreign nations cringe before me.
45 They all lose their courage and come
trembling from their strongholds.
46 The LORD lives! Praise to my Rock! May the
God of my salvation be exalted!
47 He is the God who pays back those who
harm me; he subdues the nations under
me
48 and rescues me from my enemies. You hold
me safe beyond the reach of my enemies;
you save me from violent opponents.

42 **gutter:** 도랑
dirt: 흙, 진흙
43 **accuser:** 고발자, 고소인
appoint: 임명하다, 지명하다
44 **submit:** 복종하다, 굴복하다
cringe before: 굽실거리다, 아첨하다
45 **courage:** 용기, 대담함
tremble: 떨다, 덜덜 떨다
stronghold: 본거지, 요새
46 **exalt:** 높이다, 칭찬하다
47 **pay back:** 갚다
subdue: 복종시키다, 압도하다
48 **beyond:** …을 넘어서, …보다 뛰어나
opponent: 반대자, 적수

40

41

42

43

44

45

46

47

48

높이시고, 사나운 사람들에게서 나
를 건지셨습니다.
49 그러므로 주님, 내가 뭇 나라 가운
데서 주께 감사하며, 주님을 찬양할
것입니다. 오 주님이시여, 내가 주님
의 이름을 높이며 노래할 것입니다.
50 여호와께서는 자기 왕에게 위대한
승리를 안겨 주십니다. 주께서 기름
부어 세운 다윗과, 그 자손들에게
자비와 은총을 언제까지나 베풀어
주십니다.

자연과 율법에 나타난 하나님의 섭리 – 다윗의 시. 지휘자를 따라 부른 노래

19 하늘이 하나님의 영광을 선포하고
창공은 주님의 솜씨를 알립니다.
2 낮은 낮에게 말하고, 밤은 밤에게
아는 것을 알려 줍니다.
3 언어가 없고 말하는 소리도 없고 들
리는 소리도 없지만,
4 그 소리들은 온 땅에 두루 퍼지고 땅
끝까지 퍼져 나갑니다. 하나님이 해를
위하여 하늘에 장막을 치셨습니다.
5 해는 마치 신방에서 나오는 신랑 같
고, 씩씩하게 달리는 용사와도 같습
니다.
6 해가 하늘 이 끝에서 나와 저 끝으
로 돌아갑니다. 그 뜨거운 열기로부
터 숨을 자가 없습니다.
7 여호와의 가르침은 완전하여, 사람
에게 새 힘을 줍니다. 여호와의 법
은 믿을 만하여, 어리석은 사람을

49 For this, O LORD, I will praise you among the
nations; I will sing praises to your name.
50 You give great victories to your king; you
show unfailing love to your anointed, to
David and all his descendants forever.

For the choir director: A psalm of David.

19 The heavens proclaim the glory of God.
The skies display his craftsmanship.
2 Day after day they continue to speak; night
after night they make him known.
3 They speak without a sound or word; their
voice is never heard.
4 Yet their message has gone throughout the
earth, and their words to all the world. God
has made a home in the heavens for the sun.
5 It bursts forth like a radiant bridegroom after
his wedding. It rejoices like a great athlete
eager to run the race.
6 The sun rises at one end of the heavens and
follows its course to the other end. Nothing
can hide from its heat.
7 The instructions of the LORD are perfect,
reviving the soul. The decrees of the LORD
are trustworthy, making wise the simple.

49 **among:** 사이에, …중에
50 **anoint:** 기름을 바르다, 기름을 부어 신성하게 하다
descendant: 자손, 후손
1 **proclaim:** 선포하다, 주장하다
craftsmanship: 손재주, 솜씨
4 **throughout:** 도처에, …을 두루
5 **burst forth:** 갑자기 나타나다, 불쑥 튀어나오다
radiant: 환히 빛나는, 밝은
bridegroom: 신랑
athlete: 운동선수
eager: 열망하는, 열심인
7 **instruction:** 가르침, 지시
revive: 소생시키다, 되살아나게 하다
trustworthy: 신뢰할 수 있는

49

50

For the choir director: A psalm of David.

19

2

3

4

5

6

7

지혜롭게 합니다.
8 여호와의 율법은 올바르며, 사람들
의 마음에 기쁨을 줍니다. 여호와의
명령은 맑고 깨끗하여, 사람의 눈을
밝혀 줍니다.
9 여호와를 높이는 일은 순수한 일이
며, 그 마음은 언제까지나 계속될
것입니다. 여호와의 법령은 참되고
언제나 바릅니다.
10 이러한 것들은 금보다 귀하고, 순금
보다 값진 것입니다. 꿀보다 달고,
송이 꿀보다 더 답니다.
11 주의 종들이 그것으로 훈계를 받고,
그것을 지킴으로 후한 상을 받습
니다.
12 누가 자신의 잘못을 낱낱이 깨달을
수 있겠습니까? 모르고 지은 나의
죄를 용서하여 주소서.
13 알면서 죄를 짓지 않게 막아 주시
고, 그 죄들이 나를 휘어잡지 않게
하여 주소서. 그러면 큰 죄에서 벗어
나 내가 깨끗해질 것입니다.
14 나의 바위요, 나의 구원자이신 여호
와여! 내 입의 말과 내 마음의 생각
이 주님께서 보시기에 흡족하기를
소원합니다.

왕을 위한 기도 – 다윗의 시.
지휘자를 따라 부른 노래

20 우리 왕이 어려울 때에 기도하면 여
호와께서 왕에게 대답하여 주시고,
야곱의 하나님의 이름이 왕을 보호

8 The commandments of the LORD are right,
bringing joy to the heart. The commands of
the LORD are clear, giving insight for living.
9 Reverence for the LORD is pure, lasting
forever. The laws of the LORD are true; each
one is fair.
10 They are more desirable than gold, even the
finest gold. They are sweeter than honey,
even honey dripping from the comb.
11 They are a warning to your servant, a great
reward for those who obey them.
12 How can I know all the sins lurking in
my heart? Cleanse me from these hidden
faults.
13 Keep your servant from deliberate sins! Don't
let them control me. Then I will be free of
guilt and innocent of great sin.
14 May the words of my mouth and the
meditation of my heart be pleasing to you,
O LORD, my rock and my redeemer.

For the choir director: A psalm of David.

20 In times of trouble, may the LORD answer
your cry. May the name of the God of Jacob
keep you safe from all harm.

8 **commandment:** 계명, 명령
insight: 통찰, 통찰력
9 **reverence:** 존경, 경의
10 **desirable:** 바람직한
comb: 벌집
11 **reward:** 보상, 상
12 **lurking:** 숨어 있는
fault: 잘못, 흠
13 **deliberate:** 고의의, 의도적인
be free of: …에서 자유롭다
guilt: 유죄
14 **meditation:** 숙고, 명상, 묵상
redeemer: 구세주
1 **harm:** 해

8

9

10

11

12

13

14

For the choir director: A psalm of David.

20

해 주시기를 바랍니다.
2 여호와께서 주님의 성전에서 왕에게
도움의 손길을 보내 주시고, 시온 산
에서 왕을 붙들어 주시기 바랍니다.
3 왕이 바친 모든 예물을 주님께서 기
억하여 주시고, 왕이 드린 태워 드
리는 제사인 번제를 다 받으시기 바
랍니다. (셀라)
4 왕이 마음에 바라고 있는 것을 주님
께서 베푸시고, 왕이 뜻하는 모든
일이 잘 되시기를 바랍니다.
5 왕이 승리하면 우리가 기뻐 소리칠
것이며, 우리 하나님의 이름으로 깃
발을 높이 쳐들 것입니다. 여호와께
서 왕이 구하는 모든 것들을 다 이
루어 주시기를 바랍니다.
6 이제 내가 여호와께서 기름부어 택
하신 왕을 도우시는 것을 압니다.
주님은 거룩한 하늘에서 왕께 대답
하십니다. 굳센 오른손으로 왕을 구
하여 주십니다.
7 병거를 믿는 사람이 있는가 하면, 기
마를 믿는 사람도 있습니다. 그러나
우리는 여호와 하나님의 이름을 믿습
니다.
8 그들은 넘어지고 고꾸라지지만 우리
는 일어나 꿋꿋이 설 것입니다.
9 여호와여, 우리 왕을 보살펴 주소서.
우리가 부를 때에 대답해 주소서.

왕에게 승리를 주심에 감사–
다윗의 시. 지휘자를 따라 부른 노래

2 May he send you help from his sanctuary
and strengthen you from Jerusalem.
3 May he remember all your gifts and
look favorably on your burnt offerings.
Interlude
4 May he grant your heart's desires and make
all your plans succeed.
5 May we shout for joy when we hear of your
victory and raise a victory banner in the
name of our God. May the LORD answer all
your prayers.
6 Now I know that the LORD rescues his
anointed king. He will answer him from
his holy heaven and rescue him by his great
power.
7 Some nations boast of their chariots and
horses, but we boast in the name of the LORD
our God.
8 Those nations will fall down and collapse,
but we will rise up and stand firm.
9 Give victory to our king, O LORD! Answer our
cry for help.

For the choir director: A psalm of David.

21 How the king rejoices in your strength, O

2 **sanctuary:** 성막, 성소
3 **favorably:** 호의적으로, 좋게
burnt offering: 번제, 제단 위에서 구워 바치는 제물
Interlude: 히브리어 '셀라'의 번역
4 **grant:** 주다, 수여하다
desire: 바라다, 원하다
5 **shout for joy:** 환성을 지르다
banner: 기, 깃발
6 **rescue:** 구조하다, 구출하다
anoint: 기름을 바르다, 기름을 부어 신성하게 하다
7 **boast:** 자랑하다, 뽐내다
chariot: 전차
8 **collapse:** 붕괴하다, 무너지다
rise up: 일어나다

2

3

4

5

6

7

8

9

For the choir director: A psalm of David.

21

21 여호와여, 주님의 크신 힘 때문에 왕이 기뻐합니다. 주님께서 주신 승리 때문에 그가 매우 즐거워합니다.
2 주님께서는 그가 간절히 바라는 것을 허락해 주시고, 그가 요청한 것을 들어 주셨습니다. (셀라)
3 주님께서 그에게 풍성한 복을 주셨으며 그의 머리에 순금으로 만든 왕관을 씌우셨습니다.
4 그가 목숨을 건져 달라고 하자 주님은 그를 살려 주셨고, 오래오래 살게 하셨습니다.
5 주님 덕분에 그가 수많은 승리를 얻었으며, 커다란 영광을 누리게 되었습니다. 주님께서 그에게 찬란한 위엄을 더해 주셨습니다.
6 정말로 주님은 한없는 복을 그에게 주셨습니다. 주님께서 그와 함께하심으로 그가 큰 기쁨을 누리게 하셨습니다.
7 왕이 참으로 여호와를 굳게 의지합니다. 가장 높으신 하나님께서 변함없이 그를 사랑하시니, 그가 결코 흔들리지 않을 것입니다.
8 주님의 손으로 모든 원수와 맞서 싸우시고, 오른손으로 주님의 적들을 덮치소서.
9 여호와께서 나타나실 때에 불구덩이에 타는 장작처럼 그들을 태우소서. 여호와께서 분노의 불길로 그들을 삼켜 버리시며, 주님의 불

LORD! He shouts with joy because you give him victory.
2 For you have given him his heart's desire; you have withheld nothing he requested. *Interlude*
3 You welcomed him back with success and prosperity. You placed a crown of finest gold on his head.
4 He asked you to preserve his life, and you granted his request. The days of his life stretch on forever.
5 Your victory brings him great honor, and you have clothed him with splendor and majesty.
6 You have endowed him with eternal blessings and given him the joy of your presence.
7 For the king trusts in the Lord. The unfailing love of the Most High will keep him from stumbling.
8 You will capture all your enemies. Your strong right hand will seize all who hate you.
9 You will throw them in a flaming furnace when you appear. The LORD will consume

1 **rejoice:** 기뻐하다, 환호하다
2 **withhold:** 보류하다, 주는 것을 보류하다
4 **preserve:** 보호하다, 보존하다
stretch: 뻗다
5 **clothe A with B:** A에게 B를 부여하다
splendor: 훌륭함, 화려함
majesty: 위엄, 존엄
6 **endow A with B:** (신이) A에게 B를 주다
7 **stumble:** 비틀거리다
8 **seize:** 잡다
9 **flaming:** 타오르는
furnace: 용광로
consume: …을 소멸시키다
devour: (불이) 파멸시키다

2

3

4

5

6

7

8

9

길로 그들을 태우소서.
10 이 땅에서 그들의 씨를 말리시고, 이 세상에서 그들의 후손들을 끊어 버리소서.
11 그들이 주님께 맞서 음모를 꾸미고, 악한 생각을 계획하지만 성공하지 못할 것입니다.
12 주님께서 그들의 얼굴을 향해 활을 겨누실 때에 그들이 허겁지겁 도망칠 것입니다.
13 여호와여, 주의 능력을 드러내시고 높임을 받으소서. 우리가 주님의 힘을 노래하고 찬양할 것입니다.

수난당하는 메시아 – 다윗의 시. 지휘자를 따라 "새벽의 암사슴"이란 곡조에 맞춰 부른 노래

22 나의 하나님, 나의 하나님, 어찌하여 나를 버리십니까? 어찌하여 구원해 주시지 않고, 멀리 떨어져 계십니까? 너무 멀리 계셔서 나의 울부짖는 소리를 듣지 못하십니까?
2 오 나의 하나님이시여, 내가 온종일 불러도 대답이 없으십니다. 내가 밤에도 소리 높여 외쳐 보지만, 아무런 대답이 없으십니다.
3 주님은 거룩한 분이시며, 보좌에 앉아 계십니다. 주님은 이스라엘이 드리는 찬양을 받으시는 분이십니다.
4 우리 조상들이 주를 굳게 믿었습니다. 그들이 주님을 믿고 의지하니 주께서 그들을 구하셨습니다.

them in his anger; fire will devour them.
10 You will wipe their children from the face of the earth; they will never have descendants.
11 Although they plot against you, their evil schemes will never succeed.
12 For they will turn and run when they see your arrows aimed at them.
13 Rise up, O LORD, in all your power. With music and singing we celebrate your mighty acts.

For the choir director: A psalm of David, to be sung to the tune "Doe of the Dawn."

22 My God, my God, why have you abandoned me? Why are you so far away when I groan for help?
2 Every day I call to you, my God, but you do not answer. Every night I lift my voice, but I find no relief.
3 Yet you are holy, enthroned on the praises of Israel.
4 Our ancestors trusted in you, and you rescued them.
5 They cried out to you and were saved.

10 **descendant:** 자손, 후손
11 **although:** …이기는 하나
plot against: 음모를 꾸미다
scheme: 계획, 기획
aim at A: A를 겨누다
13 **celebrate:** 경축하다, 축하하다
mighty: 강력한, 힘이 있는

1 **abandon:** 버리다, 유기하다
groan: 신음하다
2 **relief:** 구원, 구제
3 **enthrone:** …을 왕좌에 앉히다
4 **ancestor:** 조상, 선조
5 **cry out to:** …에게 외치다
disgrace: 명예를 더럽히다

10

11

12

13

For the choir director: A psalm of David, to be sung
to the tune "Doe of the Dawn."

22

2

3

4

5

5 그들이 주님께 도와 달라고 부르짖
자 그들을 구해 주셨습니다. 주님을
굳게 믿었던 그들을 주님은 실망시
키지 않으셨습니다.
6 나는 벌레요, 사람이 아닙니다. 사
람들이 멸시하고 조롱합니다.
7 나를 쳐다보는 사람마다 깔보고 머
리를 흔들며 빈정댑니다.
8 "여호와를 의지하니 그가 구원해 줄
거야. 도와 달라고 부탁해 보지. 그
가 너를 사랑하시니 아마 너를 구출
해 줄 거야."
9 주님은 내 어머니를 통해 나를 낳게
하셨을 때부터, 내가 젖 먹는 어린
아기였을 때부터, 주님을 의지하게
하셨습니다.
10 태어나던 날부터 나는 주님의 것이었
으며, 주님은 내 어머니가 나를 낳으신
때부터 나의 하나님이셨습니다.
11 그러니 내게서 멀리 떠나지 마소서.
어려움이 닥쳐오는데, 도와 줄 사람
이 하나도 없습니다.
12 수많은 황소들이 나를 에워쌉니다.
바산의 힘센 들소들이 나를 둘러싸
고 있습니다.
13 먹이를 찢으며 으르렁대는 사자처럼
나를 향해 입을 크게 벌리고 달려듭
니다.
14 쏟아진 물처럼 맥이 다 빠졌으며, 뼈마
디가 모두 어그러졌습니다. 내 마음이
촛물이 되어 속에서 녹아 내렸습니다.

They trusted in you and were never
disgraced.
6 But I am a worm and not a man. I am
scorned and despised by all!
7 Everyone who sees me mocks me. They sneer
and shake their heads, saying,
8 "Is this the one who relies on the LORD? Then
let the LORD save him! If the LORD loves him
so much, let the LORD rescue him!"
9 Yet you brought me safely from my mother's
womb and led me to trust you at my mother's
breast.
10 I was thrust into your arms at my birth. You
have been my God from the moment I was
born.
11 Do not stay so far from me, for trouble is
near, and no one else can help me.
12 My enemies surround me like a herd of bulls;
fierce bulls of Bashan have hemmed me in!
13 Like lions they open their jaws against me,
roaring and tearing into their prey.
14 My life is poured out like water, and all my
bones are out of joint. My heart is like wax,
melting within me.

6 **worm:** 벌레
scorn: 업신여기다, 깔보다
7 **mock:** 조롱하다
sneer: 비웃다, 냉소하다
shake: 흔들다
8 **rely on A:** A에게 의지하다
12 **herd:** (소·돼지의) 떼
hem: 둘러싸다
13 **jaws:** (턱·이를 포함한, 사나운 동물의) 입
roar: 으르렁거리다
tear: 찢다
prey: 먹이
14 **wax:** 밀랍
melt: 녹다

6

7

8

9

10

11

12

13

14

15 내 힘이 다 말라 버려 깨어진 질그
릇 조각같이 되었으며, 내 혓바닥은
입천장에 붙어 버렸습니다. 주님께
서 나를 죽음의 땅에 두셨습니다.
16 개들이 나를 에워쌌습니다. 악한 자
들이 무리를 지어 나를 둘러쌌습니
다. 그들이 내 손과 다리를 마구 찔
렀습니다.
17 뼈마디가 드러나 셀 수 있게 되었습
니다. 사람들이 따갑게 쳐다보며 빈
정댑니다.
18 그들이 둘러서서 내 겉옷을 나누고,
내 속옷을 놓고서는 제비를 뽑습니다.
19 여호와여, 제발 멀리 떠나가지 마소
서. 오 나의 힘이여, 어서 오셔서 나
를 도와 주소서.
20 칼에 맞아 죽지 않게 나를 구해 주
시고, 사나운 개들의 입으로부터 내
목숨을 건져 주소서.
21 사자의 입에서 나를 구출해 주시고,
들소의 뿔에 받혀 죽지 않게 나를
보호해 주소서.
22 내가 나의 형제들에게 주님의 이름
을 알리겠습니다. 예배드리기 위해
모인 백성들 가운데서 주님을 찬양
할 것입니다.
23 여호와를 공경하고 두려워하는 자
들이여, 주님을 찬양하십시오. 야곱
의 모든 자손들이여, 주님을 높이십
시오. 이스라엘 모든 후손들이여,
주님께 경배하십시오.

15 My strength has dried up like sunbaked clay.
My tongue sticks to the roof of my mouth.
You have laid me in the dust and left me for
dead.
16 My enemies surround me like a pack of dogs;
an evil gang closes in on me. They have
pierced my hands and feet.
17 I can count all my bones. My enemies stare
at me and gloat.
18 They divide my garments among themselves
and throw dice for my clothing.
19 O LORD, do not stay far away! You are my
strength; come quickly to my aid!
20 Save me from the sword; spare my precious
life from these dogs.
21 Snatch me from the lion's jaws and from the
horns of these wild oxen.
22 I will proclaim your name to my brothers
and sisters. I will praise you among your
assembled people.
23 Praise the LORD, all you who fear him!
Honor him, all you descendants of Jacob!
Show him reverence, all you descendants
of Israel!

15 **sunbaked:** 햇볕에 말린
sticks to: …에 달라붙다
roof: 지붕, 천장
16 **gang:** 한패
pierce: 꿰찌르다
17 **stare at:** …을 응시하다
gloat: 고소한 듯이 바라보다
18 **garment:** 옷, 의류
19 **aid:** 도움, 지원
20 **precious:** 소중한, 귀중한
21 **snatch:** 잡아채다, 낚아채다
horn: 뿔
oxen: ox의 복수형, 황소들
22 **proclaim:** …을 공공연히 칭찬하다

15

16

17

18

19

20

21

22

23

24 그는 고통당하는 사람의 괴로움을 지나치거나 모른 체하지 않으십니다. 그는 고통당하는 자를 외면하지 않으시고, 그의 부르짖음에 귀 기울이시고 응답하여 주십니다.

25 나는 큰 회중 가운데서 주님을 찬양할 것입니다. 주님을 높이는 사람들 앞에서 내가 약속드린 것을 지킬 것입니다.

26 가난한 사람들이 먹고 배부를 것입니다. 여호와를 찾는 사람들이 주님을 찬양할 것입니다. 그들의 마음이 영원히 살기를 바랍니다!

27 온 세상 사람들이 여호와를 기억하고 주님께 돌아올 것입니다. 모든 민족들이 주님께 엎드려 예배드릴 것입니다.

28 왜냐하면 여호와께서 모든 나라들을 다스리시기 때문입니다.

29 세상의 모든 부유한 사람들이 배부르게 먹고 예배드릴 것이며, 멸망의 땅에 누워 있는 자들도 주님께 엎드려 절할 것이며, 죽음에 이른 자들도 그리할 것입니다.

30 모든 후손이 주님을 섬길 것이며, 모든 후손이 주님에 대한 말씀을 들을 것입니다.

31 그들은 주님의 의로우심을 선포할 것입니다. 아직 태어나지 않은 세대도 하나님께서 하신 일을 듣게 될 것입니다.

24 For he has not ignored or belittled the suffering of the needy. He has not turned his back on them, but has listened to their cries for help.

25 I will praise you in the great assembly. I will fulfill my vows in the presence of those who worship you.

26 The poor will eat and be satisfied. All who seek the LORD will praise him. Their hearts will rejoice with everlasting joy.

27 The whole earth will acknowledge the LORD and return to him. All the families of the nations will bow down before him.

28 For royal power belongs to the LORD. He rules all the nations.

29 Let the rich of the earth feast and worship. Bow before him, all who are mortal, all whose lives will end as dust.

30 Our children will also serve him. Future generations will hear about the wonders of the Lord.

31 His righteous acts will be told to those not yet born. They will hear about everything he has done.

23 **descendant:** 자손, 후손
reverence: 경배, 숭배
24 **ignore:** 무시하다
belittle: 과소평가하다, 무시하다
25 **assembly:** 집회, 모인 사람
fulfill: 실행하다, 수행하다
26 **be satisfied:** 만족하다
everlasting: 영원한, 끊임없는
27 **acknowledge:** …을 인정하다
28 **royal:** 왕의, 왕위의
29 **feast:** 축제, 잔치
mortal: 죽을 운명의, 인간의
dust: 먼지
30 **generation:** 세대

24

25

26

27

28

29

30

31

목자 되신 주님 – 다윗의 시

23 여호와는 나의 목자시니 내게 부족
함이 없습니다.
2 그가 나를 푸른 풀밭에서 쉬게 하
십니다. 여호와는 나를 잔잔한 물가
로 이끌어 쉬게 하시며
3 나에게 새 힘을 주십니다. 자신의
이름을 위하여, 주님은 나를 의로운
길로 인도하십니다.
4 내가 음산한 죽음의 골짜기를 지나
가게 된다 하더라도, 나는 겁나지 않
습니다. 그것은 주님께서 나와 함께
계시기 때문입니다. 주님의 막대기
와 지팡이가 나를 든든하게 보호해
줍니다.
5 주님께서 원수들이 보는 앞에서 내게
식탁을 차려 주십니다. 그리고 주님
께서 내 머리 위에 향기로운 기름을
바르시며 내 잔이 넘치도록 가득 채
워 주십니다.
6 여호와의 선하심과 사랑하심이 내
가 죽는 날까지 나와 함께하실 것이
틀림없습니다. 이제 나는 여호와의
집에서 영원히 살 것입니다.

성전에 들어오시는 하나님을 기뻐 맞이함 – 다윗의 시

24 땅과 그 안에 있는 모든 것이 여호
와의 것입니다. 세상과 그 안에 사
는 모든 것이 여호와의 것입니다.
2 왜냐하면 여호와께서 바다 위에 땅

A psalm of David.

23 The LORD is my shepherd; I have all that I
need.
2 He lets me rest in green meadows; he leads
me beside peaceful streams.
3 He renews my strength. He guides me along
right paths, bringing honor to his name.
4 Even when I walk through the darkest valley,
I will not be afraid, for you are close beside
me. Your rod and your staff protect and
comfort me.
5 You prepare a feast for me in the presence
of my enemies. You honor me by anointing
my head with oil. My cup overflows with
blessings.
6 Surely your goodness and unfailing love will
pursue me all the days of my life, and I will
live in the house of the LORD forever.

A psalm of David.

24 The earth is the LORD's, and everything in
it. The world and all its people belong to
him.
2 For he laid the earth's foundation on the seas
and built it on the ocean depths.

1 **shepherd:** 양치기, 목자
2 **meadow:** 초원
peaceful: 평화로운, 평온한
stream: 시내, 하천
4 **valley:** 골짜기
rod: 막대기, 지팡이
staff: 지팡이
5 **anoint:** 기름을 붓다
overflow: 넘치다, 가득차다
6 **surely:** 분명히, 확실히
pursue: 따라다니다
1 **belong to:** …에 속하다, …의 것이다
2 **foundation:** 토대, 기초
depth: 깊은 곳

A psalm of David.

23

2

3

4

5

6

A psalm of David.

24

2

을 세우셨고, 물들 위에 그 터를 마
련하셨기 때문입니다.
3 누가 여호와의 산에 오를 수 있습니까?
누가 그 거룩한 곳에 설 수 있습니까?
4 깨끗한 손과 때묻지 않은 마음을 가
진 사람들, 헛된 것에 마음을 쏟지
않는 사람들, 거짓으로 맹세하지 않
는 사람들입니다.
5 그들은 여호와께 복을 받게 될 사람
들이며 그들의 구원자이신 하나님
께 옳다고 인정받은 사람들입니다.
6 오 야곱의 하나님이시여, 그들은 하
나님을 따르고 하나님의 얼굴을 찾
는 사람들입니다. (셀라)
7 오 너희 문들아, 머리를 들어라. 오
너희 영원한 문들아, 활짝 열려라.
영광의 왕께서 들어가시려 한다.
8 누가 영광의 왕이신가? 힘세고 용맹
스런 여호와이시다. 전쟁에 능한 여
호와이시다.
9 오 너희 문들아, 머리를 들어라. 오
너희 영원한 문들아, 활짝 열려라.
영광의 왕께서 들어가시려 한다.
10 누가 영광의 왕이신가? 하늘 군대
를 다스리시는 여호와 그분이 영광
의 왕이시다. (셀라)

하나님께서 인도하여 달라는 기도 – 다윗의 시

25 여호와여, 내 영혼이 주를 바라봅
니다.
2 오 나의 하나님, 내가 주를 굳게 믿

3 Who may climb the mountain of the LORD?
Who may stand in his holy place?
4 Only those whose hands and hearts are
pure, who do not worship idols and never
tell lies.
5 They will receive the LORD's blessing and
have a right relationship with God their
savior.
6 Such people may seek you and worship in
your presence, O God of Jacob. *Interlude*
7 Open up, ancient gates! Open up, ancient
doors, and let the King of glory enter.
8 Who is the King of glory? The LORD,
strong and mighty; the LORD, invincible
in battle.
9 Open up, ancient gates! Open up, ancient
doors, and let the King of glory enter.
10 Who is the King of glory? The LORD of
Heaven's Armies–he is the King of glory.
Interlude

A psalm of David.

25 O LORD, I give my life to you.
2 I trust in you, my God! Do not let me be
disgraced, or let my enemies rejoice in my

3 **climb:** 오르다, 등반하다
4 **pure:** 죄 없는, 순결한
idol: 우상, 우상시되는 것
5 **blessing:** 축복, 은혜
relationship: 관계
savior: 구원자
6 **in one's presence:** …의 면전에서
Interlude: 히브리어 '셀라'의 번역
7 **ancient:** 오래된
8 **mighty:** 강력한, 힘이 있는
invincible: 무적의
2 **disgraced:** 망신을 당한
rejoice: 기뻐하다, 환호하다
defeat: 패배

3

4

5

6

7

8

9

10

A psalm of David.

25

2

습니다. 내가 부끄러움을 당하지 않
게 하시고, 원수들이 내게 으스대지
못하게 해 주소서.
3 주님께 희망을 두고 사는 사람은 누
구도 부끄러움을 당하지 않을 것입니
다. 그러나 까닭 없이 함부로 배신하
는 자들은 부끄러움을 당할 것입니다.
4 여호와여, 주의 길을 보여 주시고, 내
가 가야 할 길을 가르쳐 주소서.
5 주의 진리를 따라 나를 인도하시고
가르쳐 주소서. 왜냐하면 주님은 나
를 구원하시는 하나님이시기 때문입
니다. 내가 종일토록 주님을 믿고 바
라봅니다.
6 여호와여, 예로부터 한결같으신 주의
크신 자비와 사랑을 잊지 마소서.
7 내가 어렸을 때 지었던 죄들과 주님
께 반항했던 잘못들을 기억하지 마시
고 주님의 사랑으로 나를 기억해 주
시기 원합니다. 오 주님, 주님은 좋으
신 분이십니다.
8 여호와는 좋으시고 올바른 분이시
기에 죄인들에게 바른길을 일러 주
십니다.
9 겸손한 자들을 올바른 길로 이끄시
고, 그들에게 주님의 길을 가르쳐
주십니다.
10 여호와의 언약과 그 말씀을 지키는
사람을 신실함과 자비로움으로 인
도하십니다.
11 여호와여, 주님의 이름을 위해서라

defeat.
3 No one who trusts in you will ever be
disgraced, but disgrace comes to those who
try to deceive others.
4 Show me the right path, O LORD; point out
the road for me to follow.
5 Lead me by your truth and teach me, for you
are the God who saves me. All day long I put
my hope in you.
6 Remember, O LORD, your compassion and
unfailing love, which you have shown from
long ages past.
7 Do not remember the rebellious sins of my
youth. Remember me in the light of your
unfailing love, for you are merciful, O LORD.
8 The LORD is good and does what is right;
he shows the proper path to those who go
astray.
9 He leads the humble in doing right, teaching
them his way.
10 The LORD leads with unfailing love and
faithfulness all who keep his covenant and
obey his demands.
11 For the honor of your name, O LORD, forgive

3 **deceive:** 속이다, 기만하다
4 **path:** 길
point out: …을 가리키다, 지적하다
5 **all day long:** 아침부터 밤까지
6 **compassion:** 자비, 연민
past: 과거, 옛날
7 **rebellious:** 반항하는
youth: 젊은 시절, 어린 시절
merciful: 자비로운
8 **proper:** 적절한, 알맞은
go astray: 길을 잃다, 타락하다
9 **humble:** 겸손한, 겸허한
10 **covenant:** 언약
demand: 요구, 청구

3

4

5

6

7

8

9

10

11

도 내가 지은 수많은 죄악을 용서하
여 주소서.
12 여호와를 섬기며 따르는 사람이 누구
입니까? 주님께서 그에게 가장 좋은
길을 가르쳐 주실 것입니다.
13 여호와는 그 사람이 번성하고, 그의 자
손들이 땅을 물려받도록 하실 것입니다.
14 여호와는 자기를 공경하고 두려운
마음으로 섬기는 사람들에게 자신
의 생각을 알려 주시고, 자신의 언
약을 가르쳐 주십니다.
15 내가 언제나 여호와를 바라봅니다. 왜
냐하면 내가 덫에 걸리지 않도록 막아
주실 분이 주님밖에 없기 때문입니다.
16 나를 돌아보시고 불쌍히 여겨 주소
서. 내가 외롭고 괴롭습니다.
17 마음의 고통이 말할 수 없이 크오니 나
를 이 괴로움에서 벗어나게 하여 주소서.
18 내 고통과 괴로움을 보소서. 내 모
든 죄를 용서해 주소서.
19 보십시오! 내 원수가 참으로 많습니
다. 그들이 나를 얼마나 미워하는지
보십시오.
20 내 생명을 지키시고 구원해 주소서.
부끄러움을 당하지 않게 해 주소서.
내가 주님께 피합니다.
21 순수하고 올바르게 살겠습니다. 나
를 보호하여 주소서. 나의 소망이
오직 주님께 있습니다.
22 오 하나님, 이스라엘을 모든 고통과
괴로움에서 건져 주소서!

my many, many sins.
12 Who are those who fear the LORD? He
will show them the path they should
choose.
13 They will live in prosperity, and their
children will inherit the land.
14 The Lord is a friend to those who fear him.
He teaches them his covenant.
15 My eyes are always on the LORD, for he
rescues me from the traps of my enemies.
16 Turn to me and have mercy, for I am alone
and in deep distress.
17 My problems go from bad to worse. Oh, save
me from them all!
18 Feel my pain and see my trouble. Forgive all
my sins.
19 See how many enemies I have and how
viciously they hate me!
20 Protect me! Rescue my life from them! Do
not let me be disgraced, for in you I take
refuge.
21 May integrity and honesty protect me, for I
put my hope in you.
22 O God, ransom Israel from all its troubles.

12 **fear:** 두려워하다
13 **prosperity:** 부유하게
inherit: 물려받다
14 **covenant:** 언약
15 **trap:** 덫
16 **mercy:** 자비
distress: 고통
17 **go from bad to worse:** (갈수록 더) 악화되다
18 **pain:** 고통
19 **viciously:** 지독하게
20 **take refuge:** 대피하다, 피난하다
21 **integrity:** 고결, 정직
honesty: 정직, 청렴결백
22 **ransom A from B:** A를 B에서 해방시키다

12

13

14

15

16

17

18

19

20

21

22

정직한 사람의 기도 – 다윗의 시

26 여호와여, 나에게 죄가 없음을 밝혀
주소서. 나는 깨끗하게 살아왔습니다.
내가 여호와를 굳게 믿었으며, 한 번
도 두 마음을 품은 적이 없습니다.
2 여호와여, 나를 이리저리 시험해 보
시고, 내 마음과 생각을 깊이 살펴
보소서.
3 주의 사랑이 항상 나를 감싸고 있기
에 내가 변함없이 주의 진리를 따라
살아갑니다.
4 나는 거짓말쟁이들과 자리를 같이하
지 않고, 겉으로만 착한 체하는 사
람들과 어울리지도 않습니다.
5 악인들의 모임에 나가 어울리는 것
을 싫어하고, 나쁜 사람들과는 함께
앉지 않습니다.
6 여호와여, 결백한 마음으로 손을 씻
고 주님의 제단에 나아갑니다.
7 소리 높여 주님을 찬양하며, 주님께서
행하신 놀라운 일을 모두 전파합니다.
8 여호와여, 주님의 영광이 머물러 있는
곳, 주님이 계시는 집을 사랑합니다.
9 죄 있는 자들과 함께 내 목숨을 거
두어 가지 마소서. 살인자들과 함께
내 생명을 거두어 가지 마소서.
10 그들은 악한 음모를 꾸미며, 그들의
오른손에는 뇌물이 가득합니다.
11 그러나 나는 깨끗하게 살고 있습니
다. 그러니 나를 구원하시고 불쌍히
여겨 주소서.

A psalm of David.

26 Declare me innocent, O LORD, for I have
acted with integrity; I have trusted in the
LORD without wavering.
2 Put me on trial, LORD, and cross-examine me.
Test my motives and my heart.
3 For I am always aware of your unfailing love,
and I have lived according to your truth.
4 I do not spend time with liars or go along
with hypocrites.
5 I hate the gatherings of those who do evil,
and I refuse to join in with the wicked.
6 I wash my hands to declare my innocence.
I come to your altar, O LORD,
7 singing a song of thanksgiving and telling of
all your wonders.
8 I love your sanctuary, LORD, the place where
your glorious presence dwells.
9 Don't let me suffer the fate of sinners. Don't
condemn me along with murderers.
10 Their hands are dirty with evil schemes, and
they constantly take bribes.
11 But I am not like that; I live with integrity. So
redeem me and show me mercy.

---

1 **waver:** 흔들리다, 동요하다
2 **trial:** 시험, 실험
cross-examine: 엄하게 따져묻다
motive: 동기, 의도, 목적
4 **go along with:** 동조하다, 찬성하다
hypocrite: 위선자
5 **gathering:** 모임
6 **altar:** 제단
8 **sanctuary:** 성막, 성소
dwell: 머무르다, 존재하다
9 **fate:** 운명
10 **scheme:** 음모, 계획
bribe: 뇌물
11 **redeem:** 구해내다

A psalm of David.

26

2

3

4

5

6

7

8

9

10

11

12 내가 안전한 곳에 서 있습니다. 예배드리는 자리에서 내가 여호와를 높이 찬양하겠습니다.

하나님을 굳게 믿으며 구원을 간구함 – 다윗의 시

27 여호와는 나의 빛이시며, 나의 구원자시니, 내가 누구를 두려워하겠습니까? 여호와는 내 인생의 요새가 되시니 내가 누구를 무서워하겠습니까?

2 악한 사람들이 나를 잡아 죽이려고 무섭게 달려들고, 원수들과 적들이 나를 공격하지만 휘청거리다 모두 쓰러질 것입니다.

3 군대가 몰려와 나를 포위하여도 내 마음이 두려워 떨지 않을 것입니다. 나를 죽이려고 큰 군대가 전쟁을 일으켜도 내 마음은 더욱 든든할 것입니다.

4 내가 여호와께 간절히 구하는 오직 한 가지는 이것입니다. 내 평생에 늘 여호와의 집에 살면서 여호와의 아름다우심을 보고 성전에서 주님을 뵙는 것입니다.

5 어려운 일을 당할 때에 주님은 주님의 날개 아래 나를 안전하게 지켜주시고, 나를 여호와의 성막에 안전하게 숨겨 주실 것이며, 높은 산 위에 나를 안전하게 두실 것입니다.

6 그때, 나를 둘러싼 수많은 원수들을 향해 내가 떳떳하게 고개를 들 것이

12 Now I stand on solid ground, and I will publicly praise the LORD.

A psalm of David.

27 The LORD is my light and my salvation–so why should I be afraid? The LORD is my fortress, protecting me from danger, so why should I tremble?

2 When evil people come to devour me, when my enemies and foes attack me, they will stumble and fall.

3 Though a mighty army surrounds me, my heart will not be afraid. Even if I am attacked, I will remain confident.

4 The one thing I ask of the LORD–he thing I seek most–is to live in the house of the LORD all the days of my life, delighting in the LORD's perfections and meditating in his Temple.

5 For he will conceal me there when troubles come; he will hide me in his sanctuary. He will place me out of reach on a high rock.

6 Then I will hold my head high above my enemies who surround me. At his sanctuary I will offer sacrifices with shouts of joy, singing

12 **solid:** 견고한, 튼튼한
publicly: 공공연하게, 공개적으로
1 **salvation:** 구원
tremble: 무서워하다, 겁내다
2 **devour:** 먹어치우다, 삼켜버리다
foe: 적, 적군
stumble: 비틀거리다
3 **even if:** … 할지라도
remain: 유지하다
confident: 자신 있는, 대담한
4 **delight in:** 매우 기뻐하다, …을 즐거워하다
perfection: 완전, 완벽
5 **conceal:** 감추다, 보이지 않게 하다
reach: 도달하다

12

A psalm of David.

27

2

3

4

5

6

며, 여호와의 성전에서 기쁨의 노래
를 부르며 제물을 드릴 것입니다.
7 여호와여, 부르짖는 내 목소리를
들으시고, 불쌍히 여기셔서 내게
대답해 주소서.
8 "여호와의 얼굴을 바라보아야지!"
하며 스스로 다짐합니다. 그렇습니
다. 여호와여, 내가 주님의 얼굴을
바라봅니다.
9 주의 얼굴을 숨기지 마소서. 주님
의 종을 버리지 마소서. 주님은 나
를 돕는 분이십니다. 오 하나님 나
의 구원자시여, 제발 나를 내버려
두지 마소서.
10 내 아버지와 어머니가 나를 버린다
할지라도 여호와는 나를 받아 주
실 것입니다.
11 여호와여, 주의 길을 가르쳐 주시
고, 곧은 길로 나를 인도하여 주소
서. 그것은 원수들이 숨어서 기다
리기 때문입니다.
12 원수들이 나를 쓰러뜨리도록 내버
려 두지 마소서. 그들이 나에 대해
독기를 품고 거짓 증언하기 위해
일어납니다.
13 내가 참으로 굳게 믿는 것은 살아
생전에 여호와의 선하심을 맛보리
라는 것입니다.
14 여호와를 기다리십시오. 마음을
강하게 하고 용기를 갖고 여호와
를 기다리십시오.

and praising the LORD with music.
7 Hear me as I pray, O LORD. Be merciful and
answer me!
8 My heart has heard you say, "Come and talk
with me." And my heart responds, "LORD, I am
coming."
9 Do not turn your back on me. Do not reject
your servant in anger. You have always been
my helper. Don't leave me now; don't abandon
me, O God of my salvation!
10 Even if my father and mother abandon me,
the LORD will hold me close.
11 Teach me how to live, O LORD. Lead me along
the right path, for my enemies are waiting for
me.
12 Do not let me fall into their hands. For
they accuse me of things I've never done;
with every breath they threaten me with
violence.
13 Yet I am confident I will see the LORD's
goodness while I am here in the land of the
living.
14 Wait patiently for the LORD. Be brave and
courageous. Yes, wait patiently for the LORD.

6 **surround:** 둘러싸다, 에워싸다
sanctuary: 성막, 성소
offer: 바치다
7 **merciful:** 자비로운, 인정 많은
8 **respond:** 응답하다, 반응하다
9 **turn one's back on …:** (분노로) …에 등을 돌리다
reject: 거절하다, 거부하다
abandon: 버리다, 유기하다
12 **fall into one's hands:** …의 손에 들어가다, 잡히다
accuse: 고발하다, 책망하다
threaten: 위협하다
13 **confident:** 굳게 믿는
14 **patiently:** 끈기 있게, 침착하게
courageous: 용기 있는

7

8

9

10

11

12

13

14

28:1~28:7 | PSALMS

어려울 때의 기도 – 다윗의 시

28 여호와여, 나의 바위시여, 내가 주님께 부르짖습니다. 제발 못 들은 체 마소서. 주님께서 외면하시면, 나는 무덤에 있는 사람과 같게 될 것입니다.

2 손을 들고 도와 달라고 부르짖는 나의 소리를 들어 주소서. 주님의 가장 거룩한 곳을 향해 내 손을 높이 드니 대답해 주소서.

3 악한 자들과 함께 나를 끌어내지 마소서. 그들은 이웃에게 겉으로는 상냥하게 말하지만 속으로는 악한 생각을 품고 있습니다.

4 그들이 저지른 잘못대로, 그들이 행한 악한 행동대로 갚아 주소서. 그들의 손이 저지른 대로 갚으시고 마땅히 받아야 할 벌을 내려 주소서.

5 그들은 여호와께서 손수 하신 일이나 이루신 일들을 하찮게 여기는 자들입니다. 여호와께서 그들을 쳐부수시고 다시는 일어나지 못하게 하십시오.

6 여호와를 찬양합니다. 여호와는 불쌍히 여겨 달라는 내 기도를 들으셨습니다.

7 여호와는 나의 힘이시며 방패이십니다. 내가 마음을 다해 주님을 믿으니 주님께서 나를

A psalm of David.

28 I pray to you, O LORD, my rock. Do not turn a deaf ear to me. For if you are silent, I might as well give up and die.

2 Listen to my prayer for mercy as I cry out to you for help, as I lift my hands toward your holy sanctuary.

3 Do not drag me away with the wicked–with those who do evil–those who speak friendly words to their neighbors while planning evil in their hearts.

4 Give them the punishment they so richly deserve! Measure it out in proportion to their wickedness. Pay them back for all their evil deeds! Give them a taste of what they have done to others.

5 They care nothing for what the LORD has done or for what his hands have made. So he will tear them down, and they will never be rebuilt!

6 Praise the LORD! For he has heard my cry for mercy.

7 The LORD is my strength and shield. I trust him with all my heart. He helps me, and my heart is filled with joy. I burst out in songs of

---

1 **deaf:** 귀가 들리지 않는

2 **mercy:** 자비
cry out to: …에게 외치다
toward: …을 향하여
sanctuary: 성막, 성소

3 **friendly:** 상냥한, 친절한

4 **punishment:** 벌, 처벌
deserve: …할 만하다, …할 가치가 있다
measure … out: …을 재서 분배하다
in proportion to: …에 비례하여

5 **tear … down:** …을 부수다
rebuild: 재건하다, 복구하다

7 **with all one's heart:** 진심으로
burst out: 갑자기 …하다

A psalm of David.

28

2

3

4

5

6

7

도와 주십니다. 내 마음이 기뻐 찬
양하며 주님께 감사의 노래를 부
릅니다.
8 여호와는 백성에게 큰 힘이시며,
주님께서 택하신 자에게 승리를
주는 요새이십니다.
9 주의 백성을 구원하시고, 주께 속
한 백성들을 축복하여 주소서. 언
제까지나 그들의 목자가 되시고,
그들을 보살펴 주소서.

하나님의 영광과 위엄 – 다윗의 시

29 너희 하늘의 천사들이여, 여호와
의 영광을 찬양하고, 여호와의 권
능을 찬송하십시오.
2 그 이름에 맞는 영광을 여호와께
돌리십시오. 거룩한 빛 가운데 계
신 여호와께 경배하십시오.
3 여호와의 목소리가 바다 위에 울려
퍼집니다. 영광의 하나님께서 천둥
처럼 소리를 내십니다. 여호와께서
출렁거리는 바다 위에 계십니다.
4 여호와의 목소리는 힘이 있고 위엄
이 넘쳐 흐릅니다.
5 여호와의 목소리는 높이 솟은 백
향목을 부러뜨리고 레바논의 백향
목을 산산조각 냅니다.
6 레바논 산을 뒤흔들어 황소처럼
뛰게 하시고 헤르몬 산을 들송아
지처럼 펄쩍펄쩍 날뛰게 하십니다.
7 여호와의 목소리는 불꽃 튀기듯
하며 번개 치듯 내리꽂힙니다.

thanksgiving.
8 The LORD gives his people strength. He is a
safe fortress for his anointed king.
9 Save your people! Bless Israel, your special
possession. Lead them like a shepherd, and
carry them in your arms forever.

A psalm of David.

29 Honor the LORD, you heavenly beings; honor
the LORD for his glory and strength.
2 Honor the LORD for the glory of his name.
Worship the LORD in the splendor of his
holiness.
3 The voice of the LORD echoes above the
sea. The God of glory thunders. The LORD
thunders over the mighty sea.
4 The voice of the LORD is powerful; the voice of
the LORD is majestic.
5 The voice of the LORD splits the mighty cedars;
the LORD shatters the cedars of Lebanon.
6 He makes Lebanon's mountains skip like a
calf; he makes Mount Hermon leap like a
young wild ox.
7 The voice of the LORD strikes with bolts of
lightning.

8 **fortress:** 요새
9 **special:** 특별한
possession: 소유(물)
shepherd: 양치기, 목자
2 **splendor:** 광채, 빛남
3 **echo:** 울려 퍼지다
thunder: 큰 소리를 내다
4 **majestic:** 장엄한, 위엄 있는
5 **split:** 쪼개다
cedar: 삼나무, 백향목
shatter: 산산이 부수다
6 **calf:** 송아지
leap: 날뛰다, 껑충 뛰다
7 **strike:** 치다, 부딪다

8

9

A psalm of David.

29

2

3

4

5

6

7

29:8~30:5 | PSALMS

8 여호와의 목소리는 황야를 흔들어 놓고, 가데스 광야를 뒤흔듭니다.
9 여호와의 목소리가 울려 퍼지니 참나무 숲이 흔들리고 울창한 숲이 벌거숭이가 됩니다. 여호와의 성전에 있는 사람들마다 "주께 영광!"이라고 외칩니다.
10 여호와께서는 거센 물결 위에 보좌를 정하시고, 우리 왕이 되시어 영원히 다스리실 것입니다.
11 여호와께서 자기 백성에게 힘을 주시고, 자기 백성에게 평화의 복을 주십니다.

죽음을 피하게 하심에 감사드림 – 다윗의 시. 주께 성전을 바칠 때에 부른 노래

30 여호와여, 내가 주님을 높이 찬양하겠습니다. 왜냐하면 주께서 나를 깊은 구덩이에서 건지셨으며, 원수들이 나를 비웃지 못하게 하셨기 때문입니다.
2 여호와 나의 하나님이시여, 내가 도와 달라고 주를 찾았더니 주님께서 나를 고쳐 주셨습니다.
3 여호와여, 주님께서 나를 무덤에서 들어 올리셨으며, 내가 구덩이 속으로 내려가지 않게 하셨습니다.
4 주님께 속한 모든 성도들이여, 여호와를 찬양하며, 그의 거룩하신 이름을 찬양하십시오.
5 그분의 분노는 잠깐이지만 그분의 사랑은 영원합니다. 긴 밤을 울면서 보내야 하지만 아침에는 반드시 기쁨이 찾아옵니다.

8 The voice of the LORD makes the barren
wilderness quake; the LORD shakes the
wilderness of Kadesh.
9 The voice of the LORD twists mighty oaks
and strips the forests bare. In his Temple
everyone shouts, "Glory!"
10 The LORD rules over the floodwaters. The
LORD reigns as king forever.
11 The LORD gives his people strength. The LORD
blesses them with peace.

A psalm of David. A song for the dedication of the Temple.

30 I will exalt you, LORD, for you rescued me.
You refused to let my enemies triumph over
me.
2 O LORD my God, I cried to you for help, and
you restored my health.
3 You brought me up from the grave, O LORD.
You kept me from falling into the pit of
death.
4 Sing to the LORD, all you godly ones! Praise
his holy name.
5 For his anger lasts only a moment, but his
favor lasts a lifetime! Weeping may last

8 **barren:** 메마른, 불모의
wilderness: 광야
quake: 흔들리다, 진동하다
9 **strip:** 벗기다
bare: 발가벗은, 텅 빈
10 **floodwater:** 홍수(의 물)
reign: 지배하다, 군림하다

1 **exalt:** 높이다, 찬양하다
triumph over: 이기다
2 **restore:** 회복시키다
3 **keep A from B:** A가 B하는 것을 막다
4 **godly:** 신의 뜻에 순종하는
5 **favor:** 친절, 은혜
weep: 울다, 한탄하다

8

9

10

11

A psalm of David. A song for the dedication
of the Temple.

30

2

3

4

5

6 안전하다는 생각이 들 때, 나는 "난 결코 흔들리지 않을 거야"라고 말했습니다.
7 여호와께서 나에게 은혜를 베푸셨을 때, 주는 산처럼 굳게 세우시고 나를 흔들리지 않게 지키셨습니다. 그러나 주님께서 나를 돌아보지 않으셨을 때, 나는 무서워 어쩔 줄 몰랐습니다.
8 여호와여, 내가 주님께 부르짖었습니다. 나를 불쌍히 여겨 달라고 간절히 구하였습니다.
9 "죽는다면 나는 끝장입니다. 무덤에 들어간다면 주님께 무슨 소용이 있겠습니까? 흙먼지가 주님을 찬양할 수 있겠습니까? 시체가 주님의 성실하심을 널리 외칠 수 있겠습니까?
10 여호와여, 나의 간절한 소원을 들으시고, 나를 불쌍히 여겨 주소서. 여호와여, 나를 도와 주소서."
11 주님께서 내 슬픔을 바꾸시어 춤이 되게 하셨습니다. 주님께서 내 슬픔의 옷을 벗기시고, 기쁨의 옷을 입혀 주셨습니다.
12 이제 내가 가만히 있지 않고, 주님을 노래하겠습니다. 여호와 나의 하나님이여, 내가 주님을 언제까지나 찬양하겠습니다.

어려움 가운데 드리는 믿음의 기도 – 다윗의 시. 지휘자를 따라 부른 노래

31 여호와여, 내가 주님께 피하오니 부끄러움을 당하지 않게 해 주소서.

through the night, but joy comes with the
morning.
6 When I was prosperous, I said, "Nothing can
stop me now!"
7 Your favor, O LORD, made me as secure as a
mountain. Then you turned away from me,
and I was shattered.
8 I cried out to you, O LORD. I begged the Lord
for mercy, saying,
9 "What will you gain if I die, if I sink into the
grave? Can my dust praise you? Can it tell of
your faithfulness?
10 Hear me, Lord, and have mercy on me. Help
me, O LORD."
11 You have turned my mourning into
joyful dancing. You have taken away
my clothes of mourning and clothed me
with joy,
12 that I might sing praises to you and not be
silent. O LORD my God, I will give you thanks
forever!

For the choir director: A psalm of David.

31 O LORD, I have come to you for protection;
don't let me be disgraced. Save me, for you

6 **prosperous:** 부유한, 좋은
7 **favor:** 친절, 은혜
as A as B: B와 같은 정도로 A
8 **cry out to:** …에게 외치다
beg A for B: A에게 B를 간청하다
mercy: 자비
9 **sink:** 가라앉다, 빠지다
faithfulness: 충실, 성실
11 **mourning:** 비탄, 슬픔
joyful: 즐거운
take away: 치우다, 제거하다
12 **silent:** 침묵하다
1 **protection:** 보호
be disgraced: 수치를 당하다

6

7

8

9

10

11

12

For the choir director: A psalm of David.

31

주님의 의로우심으로 나를 구원하
여 주소서.
2 나의 애원하는 소리에 귀 기울여 주시
고, 빨리 오셔서 나를 건져 주소서. 주
님은 내가 피할 바위가 되시고, 튼튼
한 요새가 되시어 나를 구해 주소서.
3 주님은 나의 바위이시며 내가 피할
요새이십니다. 이는 주님의 이름을
위해서 나를 인도하시고, 이끌어 주
시기 때문입니다.
4 내 앞에 놓여 있는 덫에 걸리지 않게
해 주소서. 주님은 내가 피할 곳입니다.
5 주님의 손에 내 목숨을 맡기오니 오
주님, 진리의 하나님이시여, 나를 구
해 주소서.
6 나는 쓸모없는 우상들에 매달리는
자들을 경멸하고, 오직 여호와를 굳
게 믿습니다.
7 나는 주님의 사랑을 받으면서 기뻐
하고 즐거워할 것입니다. 주께서 나
의 고통을 보셨고, 나의 영혼이 괴로
워하는 것을 아십니다.
8 주는 나를 내 원수들에게 넘겨주지
않으시고, 오히려 나를 안전한 곳에
두셨습니다.
9 여호와여, 나를 불쌍히 여겨 주소
서. 너무나 괴롭습니다. 너무 슬피
울어서 눈이 잘 보이지 않고, 몸과
마음이 슬픔으로 지쳐 있습니다.
10 번민으로 신음하면서 세월을 보냅니
다. 근심으로 기운을 잃었으며, 슬

do what is right.
2 Turn your ear to listen to me; rescue me
quickly. Be my rock of protection, a fortress
where I will be safe.
3 You are my rock and my fortress. For the
honor of your name, lead me out of this
danger.
4 Pull me from the trap my enemies set for me,
for I find protection in you alone.
5 I entrust my spirit into your hand. Rescue
me, LORD, for you are a faithful God.
6 I hate those who worship worthless idols. I
trust in the LORD.
7 I will be glad and rejoice in your unfailing
love, for you have seen my troubles,
and you care about the anguish of my
soul.
8 You have not handed me over to my enemies
but have set me in a safe place.
9 Have mercy on me, LORD, for I am in distress.
Tears blur my eyes. My body and soul are
withering away.
10 I am dying from grief; my years are
shortened by sadness. Sin has drained my

2 **quickly:** 빨리
rock: 바위
fortress: 요새
3 **lead A out of:** A를 인도해 …에서 벗어나게 하다
5 **entrust:** 맡기다, 위임하다
6 **worthless:** 가치 없는
idol: 우상, 우상시되는 것
7 **anguish:** 격통, 번뇌
8 **hand over to:** …에게 넘겨주다
9 **distress:** 비통, 고뇌
wither away: 시들다, 약해지다
10 **die from:** …으로 죽다
grief: 큰 슬픔, 비탄
drain: 고갈시키다

2

3

4

5

6

7

8

9

10

픔과 탄식으로 내 뼈가 점점 약해져
가고 있습니다.
11 내 원수들 때문에 내 이웃들에게도
철저하게 무시를 당하고 있습니다. 나
의 창백한 모습을 보고 내 친구들이
놀라고, 거리에서 만나는 사람들마다
내 모습을 보고 무서워 도망칩니다.
12 마치 내가 죽기라도 한 듯이 나를 기
억하지도 못합니다. 나는 깨어진 질
그릇과도 같습니다.
13 나를 업신여기고 비방하는 말들을 들
었습니다. 사방에서 무시무시한 소리
가 내게 들려 옵니다. 저들이 악한 계
획을 세우고, 나를 죽이려고 합니다.
14 그러나 여호와여, 내가 주님만을 굳게
믿습니다. "주님은 나의 하나님이십니다."
15 내 목숨이 주님의 손에 달려 있으니 나
를 원수의 손아귀에서 건져 주시고, 나를
뒤쫓아오는 자들에게서 구하여 주소서.
16 주님의 얼굴을 주님의 종인 내게 비
춰 주시고, 주님의 변함없는 사랑으
로 나를 구해 주소서.
17 오 여호와여, 내가 주님께 부르짖으니
부끄러움을 당하지 않게 해 주소서. 그
대신 악한 자들이 부끄러움을 당하게
해 주시고, 그들이 무덤 속에서 조용히
누워 있게 해 주소서.
18 거짓말하는 악인들은 벙어리가 되
게 해 주소서. 그들은 거만한 언어
와 경멸하는 말투로 의로운 사람들
의 마음을 아프게 합니다.

strength; I am wasting away from within.
11 I am scorned by all my enemies and
despised by my neighbors–even my
friends are afraid to come near me.
When they see me on the street, they run
the other way.
12 I am ignored as if I were dead, as if I were a
broken pot.
13 I have heard the many rumors about me,
and I am surrounded by terror. My enemies
conspire against me, plotting to take my
life.
14 But I am trusting you, O LORD, saying, "You
are my God!"
15 My future is in your hands. Rescue me from
those who hunt me down relentlessly.
16 Let your favor shine on your servant. In your
unfailing love, rescue me.
17 Don't let me be disgraced, O LORD, for I
call out to you for help. Let the wicked be
disgraced; let them lie silent in the grave.
18 Silence their lying lips–those proud and
arrogant lips that accuse the godly.
19 How great is the goodness you have stored

11 **scorn:** 경멸하다
despise: 멸시하다
12 **ignore:** 무시하다
pot: 항아리, 단지
13 **rumor:** 소문, 유언비어
terror: 공포, 두려움
conspire: 공모하다, 음모를 꾸미다
15 **relentlessly:** 잔인하게, 집요하게
16 **shine:** 빛나다, 비치다
17 **the wicked:** 악인
18 **arrogant:** 오만한
accuse: 비난하다
19 **store up:** 저장하다, 쌓아두다
lavish: 아낌없이 주다

11

12

13

14

15

16

17

18

19

19 주님은 참으로 인자하신 분이십니
다. 주님을 찾는 사람들을 위해 주
님의 은총을 마련해 두셨습니다. 특
별히 주님은 많은 사람들 앞에서 그
들에게 은총을 주십니다.
20 주님의 피난처에 그들을 숨겨 주시
고, 사람들이 그들을 해치려고 할
때에 보호해 주십니다. 그들을 안전
하게 보살펴 주시고, 그들을 비난하
는 말로부터 보호해 주십니다.
21 여호와를 찬양합니다. 내가 포위된 마
을 안에 갇혀 있었을 때, 그분이 내게
놀라운 사랑을 보여 주셨습니다.
22 근심 중에 있었을 때, 나는 "하나님은
나를 보실 수 없어!"라고 말했습니다.
그러나 주님은 나의 부르짖음에 귀를
기울이시고, 나를 불쌍히 여기시고 도
와 주셨습니다.
23 주의 모든 성도들이여, 여호와를 사랑
하십시오. 여호와께서는 신실한 사람
들을 보호하십니다. 그러나 거만한 사
람들은 반드시 벌하실 것입니다.
24 여호와께 소망을 두는 여러분들이여,
마음을 굳게 하고 힘을 내십시오.

죄의 고백과 용서 – 다윗의 마스길

32 죄를 용서받고 잘못을 용서받은 사
람은 행복한 사람입니다.
2 여호와께서 더 이상 죄를 묻지 않는
사람과 그 마음에 거짓이 없는 사람
은 행복한 사람입니다.
3 내가 죄를 고백하지 않고 입을 다물고

up for those who fear you. You lavish it
on those who come to you for protection,
blessing them before the watching world.
20 You hide them in the shelter of your presence,
safe from those who conspire against them.
You shelter them in your presence, far from
accusing tongues.
21 Praise the LORD, for he has shown me the
wonders of his unfailing love. He kept me
safe when my city was under attack.
22 In panic I cried out, "I am cut off from the
LORD!" But you heard my cry for mercy and
answered my call for help.
23 Love the LORD, all you godly ones! For the
LORD protects those who are loyal to him, but
he harshly punishes the arrogant.
24 So be strong and courageous, all you who
put your hope in the LORD!

A psalm of David.

32 Oh, what joy for those whose disobedience
is forgiven, whose sin is put out of sight!
2 Yes, what joy for those whose record the
LORD has cleared of guilt, whose lives are
lived in complete honesty!

---

20 **shelter:** 피난처
safe from: …로부터 안전한
conspire: 공모하다, 음모를 꾸미다
accusing: 비난하는
21 **wonder:** 놀라움
22 **in panic:** 공포에 싸여, 크게 당황하여
cry out: 큰 소리로 외치다
cut off: 잘라버리다
23 **godly:** 신의 뜻에 순종하는
harshly: 가혹하게, 엄하게
punish: 벌하다
arrogant: 거만한, 오만한
1 **disobedience:** 불순종
2 **guilt:** 유죄

20

21

22

23

24

A psalm of David.

32

2

있을 때, 뼛속 깊이 사무치는 아픔을
느끼고 온종일 괴로워 신음하였습니다.
4 낮이고 밤이고 주께서 손으로 나를 짓
누르시니 무더운 여름날 과일의 진액
이 빠지듯 탈진하게 되었습니다. (셀라)
5 그래서 나는 내 죄를 덮어 두지 않
고 주님께 숨김없이 털어 놓았습니
다. 지은 죄를 숨기지 않았습니다.
"내 죄를 주께 고백할 것이다. 내 잘
못을 여호와께 아뢰리라" 하고 다짐
했습니다. 그러자 주님은 내 죄와 내
잘못을 용서해 주셨습니다. (셀라)
6 그러므로 경건한 사람들은 주가 찾으
실 때에 그분께 기도드려야 할 것입니
다. 그러면 고난이 홍수처럼 밀려올지
라도 그들을 덮치지 못할 것입니다.
7 주님은 내가 숨을 곳입니다. 주께서
어려움으로부터 나를 지켜 주시니
내 마음이 구원의 노래로 주님을 찬
양합니다. (셀라)
8 주님께서 말씀하십니다. "내가 너희
를 가르치고, 너희들이 가야 할 길을
보여 줄 것이다. 내가 너를 이끌어 주
며, 어디로 가든지 지켜 줄 것이다.
9 그러니 말이나 당나귀처럼 어리석게
굴지 마라. 그것들은 재갈과 굴레로
다루지 않으면 너희 곁에 오지 않을
것이다.
10 악한 자들에게는 많은 불행들이 닥치
지만 주님을 의지하는 자에게는 주님
의 한결같은 사랑이 넘칠 것이다."

3 When I refused to confess my sin, my body
wasted away, and I groaned all day long.
4 Day and night your hand of discipline was
heavy on me. My strength evaporated like
water in the summer heat. *Interlude*
5 Finally, I confessed all my sins to you and
stopped trying to hide my guilt. I said to
myself, "I will confess my rebellion to the
LORD." And you forgave me! All my guilt is
gone. *Interlude*
6 Therefore, let all the godly pray to you while
there is still time, that they may not drown
in the floodwaters of judgment.
7 For you are my hiding place; you protect me
from trouble. You surround me with songs of
victory. *Interlude*
8 The LORD says, "I will guide you along the
best pathway for your life. I will advise you
and watch over you.
9 Do not be like a senseless horse or mule
that needs a bit and bridle to keep it under
control."
10 Many sorrows come to the wicked, but
unfailing love surrounds those who trust the

3 **waste away:** 쇠약해지다
groan: 신음하다
4 **discipline:** 훈련, 징계
evaporate: 사라지다, 증발하다
summer heat: 여름 더위
Interlude: 히브리어 '셀라'의 번역
5 **confess:** 자백하다
rebellion: 모반, 반항
7 **therefore:** 그러므로
judgment: 판단, 심판
8 **pathway:** 좁은 길, 진로
9 **senseless:** 어리석은, 지각없는
mule: 노새
bridle: 굴레

3

4

5

6

7

8

9

10

11 의롭게 사는 사람들이여, 여호와를
즐거워하고 감사하십시오. 마음이
정직한 사람들이여, 기뻐하며 노래
하십시오.

모든 것을 지으시고 구원하신 하나님을 찬양함

33 의롭게 사는 사람들이여, 즐겁게 여
호와를 노래하십시오. 정직한 사람
들은 마땅히 그를 찬양해야 합니다.
2 수금을 울리며 여호와께 찬양하십
시오. 열 줄 비파로 주님을 위해 찬
양하십시오.
3 새 노래로 주님께 찬송하십시오. 멋
있게 악기를 연주하고, 기쁘게 노래
하십시오.
4 여호와의 말씀은 올바르고 참됩니다.
그분이 하시는 일은 모두 진실합니다.
5 주님은 정의롭고 공평한 것을 좋아
하십니다. 주님의 한결같은 사랑이
온 땅에 가득합니다.
6 여호와는 말씀으로 하늘을 지으시
고, 입김으로 하늘의 별들을 만드셨
습니다.
7 주님은 바닷물을 모아 항아리에 담
으시고, 깊은 바닷물을 창고에 넣으
십니다.
8 온 땅이여, 여호와를 높이고 세상
의 모든 사람들이여, 그분을 존경
합시다.
9 주님께서 말씀하시니, 세상이 생겨
났고, 주님께서 명령하시니, 세상이

LORD.
11 So rejoice in the LORD and be glad, all you
who obey him! Shout for joy, all you whose
hearts are pure!
33 Let the godly sing for joy to the LORD; it is
fitting for the pure to praise him.
2 Praise the LORD with melodies on the lyre;
make music for him on the ten-stringed
harp.
3 Sing a new song of praise to him; play
skillfully on the harp, and sing with joy.
4 For the word of the Lord holds true, and we
can trust everything he does.
5 He loves whatever is just and good; the
unfailing love of the LORD fills the earth.
6 The LORD merely spoke, and the heavens
were created. He breathed the word, and all
the stars were born.
7 He assigned the sea its boundaries and
locked the oceans in vast reservoirs.
8 Let the whole world fear the LORD, and let
everyone stand in awe of him.
9 For when he spoke, the world began!
It appeared at his command.

---

10 **sorrow:** 슬픔, 불행
11 **glad:** 기쁜, 고마운, 반가운
shout for joy: 환성을 지르다
1 **fit for:** …에 적임인
2 **lyre:** 수금
3 **skillfully:** 솜씨 있게
harp: 하프
5 **unfailing:** 기대에 어긋나지 않는, 확실한
6 **merely:** 단지, 다만
7 **assign:** 지정하다
boundary: 경계
vast: 광대한
reservoir: 저수지, 저수통
8 **awe:** 두려움, 경외심

11

33

2

3

4

5

6

7

8

9

나타났습니다.

10 여호와께서 뭇 나라의 계획을 무너뜨리시고, 민족들의 뜻을 꺾으십니다.

11 여호와의 계획은 언제까지나 한결같고, 그분의 뜻은 영원히 변하지 않을 것입니다.

12 여호와를 자기 하나님으로 모신 나라는 행복한 나라입니다. 하나님께서 자기 백성으로 삼으신 민족은 행복한 민족입니다.

13 여호와께서 하늘에서 세상을 내려다보시고, 사람들 한 사람 한 사람을 보고 계십니다.

14 하늘에 계신 주님은 땅 위의 사람들 모두를 지켜보십니다.

15 그분은 모든 사람들의 마음을 만드셨기 때문에 사람들이 하는 일을 모두 알고 계십니다.

16 군대가 많다고 왕이 승리하는 것이 아니고, 힘이 세다고 용사가 이기는 것은 아닙니다.

17 힘센 말을 타고 도망쳐도 피할 수 없으며, 모든 힘을 다해도 그들은 살아남을 수 없습니다.

18 그러나 여호와는 주를 높이는 사람을 돌아보시고 주님의 사랑에 소망을 두는 사람을 지키십니다.

19 주님은 죽음에서 그들을 건지시고, 기근 때에 살아남게 하실 것입니다.

20 그러므로 우리가 여호와를 바라보면서 기다립니다. 주님은 우리의

10 The LORD frustrates the plans of the nations and thwarts all their schemes.

11 But the LORD's plans stand firm forever; his intentions can never be shaken.

12 What joy for the nation whose God is the LORD, whose people he has chosen as his inheritance.

13 The LORD looks down from heaven and sees the whole human race.

14 From his throne he observes all who live on the earth.

15 He made their hearts, so he understands everything they do.

16 The best-equipped army cannot save a king, nor is great strength enough to save a warrior.

17 Don't count on your warhorse to give you victory–for all its strength, it cannot save you.

18 But the LORD watches over those who fear him, those who rely on his unfailing love.

19 He rescues them from death and keeps them alive in times of famine.

20 We put our hope in the LORD. He is our help

10 **frustrate:** 좌절시키다
thwart: 훼방놓다
scheme: 계획, 음모
11 **intention:** 의도, 계획
12 **inheritance:** 상속 재산
13 **human race:** 인류
14 **throne:** 보좌, 왕좌
observe: 알다, 보다
16 **best-equipped:** 최고로 갖춰진
nor: …도 또한 …아니다
17 **count on:** …을 의지하다
warhorse: 군마
18 **fear:** 두려워하다
19 **famine:** 기근, 굶주림

10

11

12

13

14

15

16

17

18

19

20

도움이시며 방패이십니다.
21 주님 때문에 우리가 기뻐하고 즐거워합니다. 그것은 주의 거룩한 이름을 굳게 믿기 때문입니다.
22 여호와여, 우리가 주께 우리의 소망을 둡니다. 주님의 변함없는 사랑을 우리에게 베풀어 주소서.

하나님을 의지하는 자의 권면 – 다윗이 아비멜렉 앞에서 미친 체하다가 쫓겨나서 지은 시

34 나는 언제나 여호와를 찬양하겠습니다. 내 입술에서 주님을 찬양하는 소리가 끊이지 않을 것입니다.
2 내 몸과 마음으로 여호와를 자랑할 것입니다. 가난한 사람들이여, 듣고 기뻐하십시오.
3 나와 함께 여호와의 영광을 노래합시다. 그의 이름을 함께 찬양합시다.
4 내가 여호와를 찾아 도움을 청했더니 내게 대답하시고, 내가 두려워하던 모든 것에서 나를 건지셨습니다.
5 주님을 바라보는 자의 얼굴은 빛이 나고, 어떤 일이 있어도 부끄러움을 당하지 않을 것입니다.
6 이 불쌍한 사람이 여호와께 부르짖었더니 여호와께서 들으시고, 모든 어려움에서 건져 주셨습니다.
7 여호와의 천사들은 주님을 높이는 사람들 둘레에 진을 치고, 그들을 구원하십니다.

and our shield.
21 In him our hearts rejoice, for we trust in his holy name.
22 Let your unfailing love surround us, LORD, for our hope is in you alone.

A psalm of David, regarding the time he pretended to be insane in front of Abimelech, who sent him away.

34 I will praise the LORD at all times. I will constantly speak his praises.
2 I will boast only in the LORD; let all who are helpless take heart.
3 Come, let us tell of the LORD's greatness; let us exalt his name together.
4 I prayed to the LORD, and he answered me. He freed me from all my fears.
5 Those who look to him for help will be radiant with joy; no shadow of shame will darken their faces.
6 In my desperation I prayed, and the LORD listened; he saved me from all my troubles.
7 For the angel of the LORD is a guard; he surrounds and defends all who fear him.

20 **shield:** 방패
22 **unfailing:** 기대에 어긋나지 않는, 확실한
1 **at all times:** 항상, 언제나, 늘
constantly: 끊임없이, 항상
2 **boast:** 자랑하다
helpless: 의지할 데 없는
take heart: 마음을 다잡다, 용기 내다
3 **greatness:** 거대함, 위대(함)
exalt: 높이다, 찬양하다
5 **radiant:** 빛나는
6 **desperation:** 절망, 자포자기
save A from B: A를 B에서 구하다
7 **surround:** 둘러싸다, 에워싸다
defend: 방어하다, 지키다

21

22

A psalm of David, regarding the time he pretended to be insane
in front of Abimelech, who sent him away.

34

2

3

4

5

6

7

8 여호와께서 얼마나 좋으신 분인지 살피고 맛보십시오. 그분께 피하는 사람은 복 있는 사람입니다.
9 너희 성도들이여, 여호와를 높이며 두려워하십시오. 저를 높이며 두려워하는 사람들은 부족함이 없을 것입니다.
10 젊은 사자도 힘이 없고 배가 고플 때가 있지만, 여호와를 찾는 자들은 갖가지 좋은 것들을 모두 얻게 됩니다.
11 젊은이들이여, 이리 와서 내 말을 들어 보십시오. 여호와를 높이고 두려워하는 방법을 가르쳐 주겠습니다.
12 즐거운 날을 보내고 행복하게 오래 살고 싶으면 이 말을 잘 들어야 할 것입니다.
13 먼저 여러분은 나쁜 말을 하지 말고, 거짓말을 하지 말아야 합니다.
14 나쁜 길에서 돌아서서 착하게 살고 평화를 사랑하고 이웃과 사이 좋게 지내야 합니다.
15 여호와는 의로운 사람들을 보고 계시며, 그들이 부르짖는 소리에 귀를 기울이십니다.
16 그러나 여호와는 악한 짓을 하는 사람들을 불쾌하게 여기시고 사람들의 기억에서 그들의 이름을 지워 버립니다.
17 의로운 사람들이 부르짖을 때에 여호와께서 들으시고, 모든 어려움으로부터 그들을 건지십니다.
18 여호와는 마음이 상한 사람 곁에

8 Taste and see that the LORD is good. Oh, the joys of those who take refuge in him!
9 Fear the LORD, you his godly people, for those who fear him will have all they need.
10 Even strong young lions sometimes go hungry, but those who trust in the Lord will lack no good thing.
11 Come, my children, and listen to me, and I will teach you to fear the LORD.
12 Does anyone want to live a life that is long and prosperous?
13 Then keep your tongue from speaking evil and your lips from telling lies!
14 Turn away from evil and do good. Search for peace, and work to maintain it.
15 The eyes of the LORD watch over those who do right; his ears are open to their cries for help.
16 But the LORD turns his face against those who do evil; he will erase their memory from the earth.
17 The LORD hears his people when they call to him for help. He rescues them from all their troubles.

8 **taste:** 맛보다, 경험하다
refuge: 피난처
9 **fear:** 두려워하다
godly: 신의 뜻에 순종하는
10 **go hungry:** 굶주리다
lack: …이 없다
12 **prosperous:** 번영하는
13 **keep from:** …하는 것을 삼가다
14 **turn away from:** …를 멀리하다
search for: …를 찾다
maintain: 유지하다
15 **watch over:** …를 지키다, 돌봐주다
cry for help: 도움을 청하다
16 **erase:** 지우다, 없애다

8

9

10

11

12

13

14

15

16

17

계시고, 낙심한 사람들을 붙들어
주십니다.
19 의로운 사람에게도 어려움이 많을
수 있습니다. 그러나 여호와께서 모
든 어려움에서 구해 주실 것입니다.
20 여호와께서 그들의 뼈마디 하나도
꺾이지 않게 완전하게 지켜 주실
것입니다.
21 악한 자들은 자기들이 저지른 악
때문에 죽을 것이고, 의로운 사람
을 미워하는 자들은 반드시 벌을
받게 될 것입니다.
22 그러나 여호와는 자기 종들의 목숨
을 구해 주시니 주께 피하는 사람은
누구든 형벌을 받지 않을 것입니다.

도와 달라는 기도 – 다윗의 시

35 여호와여, 나와 다투는 자와 다투어
주시고, 나와 싸우는 자와 싸워 주
소서.
2 방패와 갑옷을 집어 드시고 일어
나 나를 도와 주소서.
3 나를 추격하는 자들을 향해 칼과
창을 모두 드시고 내게 "너를 구해
주겠다"라고 말씀해 주소서.
4 내 목숨을 노리는 사람들이 부끄
러움을 당하게 해 주시고, 나를 해
치려는 사람들이 창피해서 달아나
게 해 주소서.
5 여호와의 천사가 그들을 쫓아 버
릴 때에 바람에 날아가는 겨와 같

18 The LORD is close to the brokenhearted; he
rescues those whose spirits are crushed.
19 The righteous person faces many troubles, but
the LORD comes to the rescue each time.
20 For the LORD protects the bones of the
righteous; not one of them is broken!
21 Calamity will surely destroy the wicked,
and those who hate the righteous will be
punished.
22 But the LORD will redeem those who serve
him. No one who takes refuge in him will be
condemned.

A psalm of David.

35 O LORD, oppose those who oppose me. Fight
those who fight against me.
2 Put on your armor, and take up your shield.
Prepare for battle, and come to my aid.
3 Lift up your spear and javelin against those
who pursue me. Let me hear you say, "I will
give you victory!"
4 Bring shame and disgrace on those trying to
kill me; turn them back and humiliate those
who want to harm me.
5 Blow them away like chaff in the wind–a

18 **crush:** 눌러 부수다
19 **each time:** 매번, 언제나
21 **calamity:** 큰 재난
surely: 확실히, 피할 수도 없이
22 **redeem:** 구속하다, 되찾다
condemn: 정죄하다, 책망하다
1 **oppose:** 반대하다, 저지하다
2 **prepare:** 준비하다
aid: 도움, 구원
3 **javelin:** 던지는 창
pursue: 쫓다, 추격하다
4 **humiliate:** 굴욕감을 주다
5 **blow away:** 날려버리다
chaff: 왕겨

18

19

20

21

22

A psalm of David.

35

2

3

4

5

게 하소서.
6 여호와의 천사가 그들을 뒤쫓을
때에 그들이 가는 길을 캄캄하고
미끄럽게 해 주소서.
7 그들은 아무 까닭 없이 나를 잡으
려고 몰래 그물을 쳐 놓고 아무 이
유 없이 나를 죽이려고 웅덩이를
파 놓았습니다.
8 오 주님, 그들을 망하게 해 주시
고, 자기들이 쳐 놓은 그물에 걸리
게 하시고, 자기들이 파 놓은 웅덩
이에 빠지게 하여 주소서.
9 그리하시면 내가 여호와 안에서 즐
거워하며, 여호와께서 베푸신 구
원을 인하여 기뻐할 것입니다.
10 내가 온몸으로 외칠 것입니다. "여
호와여, 주님 같은 분이 없습니다.
여호와는 힘센 사람들에게서 연약
한 사람들을 건져 내시며, 힘없고
가난한 사람들을 강도들에게서 구
하시는 분이십니다."
11 거짓을 말하는 증인들이 법정에
서서 내가 알지도 못하는 것을 캐
묻습니다.
12 그들은 내게 선을 악으로 갚고, 내
목숨마저 노렸습니다.
13 그렇지만 그들이 병들었을 때, 나
는 굵은 베옷을 걸치고 금식하며
기도했습니다. 그들을 위한 내 기
도에 응답이 없을 때,
14 내 친구나 형제들을 위해 슬퍼하

wind sent by the angel of the LORD.
6 Make their path dark and slippery, with the
angel of the LORD pursuing them.
7 I did them no wrong, but they laid a trap for
me. I did them no wrong, but they dug a pit to
catch me.
8 So let sudden ruin come upon them! Let
them be caught in the trap they set for me!
Let them be destroyed in the pit they dug
for me.
9 Then I will rejoice in the LORD. I will be glad
because he rescues me.
10 With every bone in my body I will praise him:
"LORD, who can compare with you? Who else
rescues the helpless from the strong? Who
else protects the helpless and poor from those
who rob them?"
11 Malicious witnesses testify against me. They
accuse me of crimes I know nothing about.
12 They repay me evil for good. I am sick with
despair.
13 Yet when they were ill, I grieved for them.
I denied myself by fasting for them, but my
prayers returned unanswered.

6 **slippery:** 미끄러운
7 **pit:** 구덩이, 함정
8 **sudden:** 갑작스러운
ruin: 멸망
destroy: 멸하다
10 **compare with:** 비교하다
the helpless: 의지할 곳 없는 사람들
11 **malicious:** 악의 있는, 심술궂은
witnesses: 증인
testify: 증언하다
12 **repay:** 갚다
despair: 절망
13 **grieve:** 몹시 슬퍼하다
deny: 부인하다, 거절하다

6

7

8

9

10

11

12

13

듯 나는 그들을 위해 슬퍼하며 울
었습니다. 마치 어머니가 돌아가셨
을 때에 내가 우는 것처럼 고개를
떨구고 슬퍼하였습니다.
15 그렇지만 내가 넘어지자 그들은 모
여들어 나를 비웃었고, 느닷없이
나를 치고 때렸습니다. 그들은 그
치지 않고 욕을 합니다.
16 하나님을 두려워하지 않는 자들처
럼 그들은 나를 잔인하게 비웃었
고 나를 보며 이를 갈았습니다.
17 주여, 언제까지 이러한 일들을 보고
만 계시렵니까? 잔인하게 짓밟히는
내 목숨을 건져 주소서. 이 사자 같
은 자들에게서 나를 구해 주소서.
18 내가 예배 모임 가운데서 주님께
감사할 것이며, 많은 사람들 가운
데서 주님을 찬양할 것입니다.
19 아무 이유 없이 내게 달려든 원수
들이 더 이상 나를 비웃지 못하게
하소서. 아무 까닭 없이 나를 미워
하는 자들이 더 이상 음흉한 미소
를 짓지 않게 해 주소서.
20 그들은 따뜻하게 말하지 않습니
다. 조용히 지내는 착한 사람들에
대해 온갖 거짓말을 꾸며댑니다.
21 나를 향해 입을 크게 벌리면서,
"하하! 저것 봐라, 네 꼴이 참 좋구
나" 하며 빈정댑니다.
22 여호와여, 주님께서 다 보셨습니다.
더 이상 가만히 계시지 마소서. 오 주

14 I was sad, as though they were my friends
or family, as if I were grieving for my own
mother.
15 But they are glad now that I am in trouble;
they gleefully join together against me. I am
attacked by people I don't even know; they
slander me constantly.
16 They mock me and call me names; they snarl
at me.
17 How long, O Lord, will you look on and do
nothing? Rescue me from their fierce attacks.
Protect my life from these lions!
18 Then I will thank you in front of the great
assembly. I will praise you before all the
people.
19 Don't let my treacherous enemies rejoice
over my defeat. Don't let those who hate me
without cause gloat over my sorrow.
20 They don't talk of peace; they plot against
innocent people who mind their own
business.
21 They shout, "Aha! Aha! With our own eyes we
saw him do it!"
22 O LORD, you know all about this. Do not stay

14 **as though:** 마치 …인 것처럼
15 **gleefully:** 매우 기쁘게
slander: 비방하다
constantly: 끊임없이, 항상
16 **mock:** 조롱하다
snarl: 으르렁거리다
17 **fierce:** 사나운, 격렬한
protect A from B: A를 B에서 지키다
18 **assembly:** 집회
19 **treacherous:** 배반하는
defeat: 패배, 좌절
gloat: 고소한 듯이 바라보다
20 **plot against:** …를 해할 음모를 꾸미다
22 **silent:** 침묵의, 조용한

14

15

16

17

18

19

20

21

22

님이시여, 나를 홀로 내버려 두지 마소
서.
23 나의 하나님, 나의 주여, 떨치고 일어
나 나를 변호해 주소서. 나의 하나님
이시여, 나를 위해 답변해 주소서.
24 여호와 나의 하나님, 주님의 올바른 법
을 따라 옳고 그름을 가려 주시고, 그
들이 나를 비웃지 못하게 해 주소서.
25 그들이 "하하! 우리 뜻대로 되었다!"
라고 생각하지 못하게 하시고 "하
하! 우리가 이겼어"라고 말하지 못하
게 해 주소서.
26 내 불행을 좋아하는 사람들 모두
부끄러움을 당하게 하시고 혼란스
러워하게 해 주소서. 나에게 우쭐거
리는 사람들 모두 수치와 창피로 덮
으소서.
27 내 결백함을 즐거워하는 사람들이
웃고 소리지르며 즐거워하게 해 주
소서. "여호와는 높임을 받으실 분
이시며 그의 종이 뜻하는 모든 일이
잘 되어 가는 것을 좋아하시는 분이
다"라고 말하게 해 주소서.
28 내 혀로 주님의 의로우심을 찬양하
며, 온종일 주님을 찬송할 것입니다.

악한 자들과 좋으신 하나님 – 여호와의 종 다윗의 시. 지휘자를 따라 부른 노래

36 악한 자들의 죄에 관하여 주님께서 내
게 알려 주셨습니다. 악한 자들은 하
나님을 조금도 두려워하지 않습니다.
2 그들은 자신을 대단하게 생각합니다.

silent. Do not abandon me now, O Lord.
23 Wake up! Rise to my defense! Take up my
case, my God and my Lord.
24 Declare me not guilty, O LORD my God, for
you give justice. Don't let my enemies laugh
about me in my troubles.
25 Don't let them say, "Look, we got what we
wanted! Now we will eat him alive!"
26 May those who rejoice at my troubles be
humiliated and disgraced. May those who
triumph over me be covered with shame and
dishonor.
27 But give great joy to those who came to my
defense. Let them continually say, "Great is
the LORD, who delights in blessing his servant
with peace!"
28 Then I will proclaim your justice, and I will
praise you all day long.

For the choir director: A psalm of David, the servant of the Lord.

36 Sin whispers to the wicked, deep within
their hearts. They have no fear of God at
all.
2 In their blind conceit, they cannot see how

22 **abandon:** 버리다, 유기하다
23 **defense:** 방어, 변호
24 **declare:** 선언하다
guilty: 유죄의
laugh: 비웃다
25 **alive:** 살아 있는 상태로, 살아서
26 **humiliate:** 굴욕감을 주다
triumph over: …을 이기다
be covered with: …로 덮이다
28 **proclaim:** 선언하다, 공공연히 찬양하다
1 **whisper:** 속삭이다
the wicked: 악인
2 **blind:** 눈먼
conceit: 자만

23

24

25

26

27

28

For the choir director: A psalm of David, the servant
of the Lord.

36

2

그래서 자기 죄를 깨닫지도 못하고,
그 죄를 미워하지도 않습니다.
3 그들은 항상 악하고 거짓된 말을
내뱉습니다. 더 이상 지혜롭거나
착한 일을 하지 않습니다.
4 심지어 침대에 누워서도 악한 일을
꾸미며, 나쁜 길로 가려고 마음을
단단히 먹고 나쁜 일들을 마다하
지 않는 사람입니다.
5 여호와여, 주님의 사랑이 하늘에
닿고, 주님의 성실하심이 하늘 끝
까지 이릅니다.
6 주님의 의로우심이 우람한 산처럼
높고, 주님의 공평하심이 깊은 바
다와 같습니다. 여호와여, 주는 사
람과 짐승을 모두 돌보십니다.
7 하나님이여, 주의 변함없는 사랑이
얼마나 값진 것인지요! 높은 사람
이나 낮은 사람이나 모두가 주님의
날개 그늘 밑을 그들의 피난처로
삼습니다.
8 주님의 집에서 그들이 마음껏 먹습
니다. 주님은 기쁨의 강에서 물을
길어 사람들에게 마시게 하십니다.
9 주님께 생명의 샘이 있습니다. 주
님의 빛을 통하여 우리가 빛을 볼
수 있습니다.
10 주님을 사랑하는 사람들을 끊임없
이 사랑해 주시고, 마음이 올바른
사람들에게 주의 의를 베푸소서.
11 거만한 자가 내게 발길질하지 못하게

wicked they really are.
3 Everything they say is crooked and deceitful.
They refuse to act wisely or do good.
4 They lie awake at night, hatching sinful plots.
Their actions are never good. They make no
attempt to turn from evil.
5 Your unfailing love, O LORD, is as vast as the
heavens; your faithfulness reaches beyond
the clouds.
6 Your righteousness is like the mighty
mountains, your justice like the ocean depths.
You care for people and animals alike, O LORD.
7 How precious is your unfailing love, O God!
All humanity finds shelter in the shadow of
your wings.
8 You feed them from the abundance of your
own house, letting them drink from your river
of delights.
9 For you are the fountain of life, the light by
which we see.
10 Pour out your unfailing love on those who
love you; give justice to those with honest
hearts.
11 Don't let the proud trample me or the wicked

3 **crooked:** 비뚤어진, 부정직한
deceitful: 기만적인, 허위의
wisely: 현명하게
4 **hatch:** 생각해 내다, 꾸미다
plot: 음모
attempt: 시도
5 **vast:** 광대한
faithfulness: 충실, 성실
righteousness: 의, 공의
8 **abundance:** 풍부, 충만
9 **fountain:** 분수, 샘
10 **pour out:** 억수같이 퍼붓다
11 **trample:** 짓밟다
push around: …를 괴롭히다

3

4

5

6

7

8

9

10

11

하시며, 악한 자가 손으로 나를 밀어
내지 못하게 하소서.
12 악한 자들이 쓰러져 다시는 일어나
지 못할 것입니다.

하나님께서는 공의로 갚아주신다 – 다윗의 시

37 악한 사람들 때문에 속상해하지 말고,
나쁜 일하는 사람들을 부러워하지 마
십시오.
2 왜냐하면 그들은 풀처럼 곧 말라 버
릴 것이며, 채소처럼 시들 것이기 때
문입니다.
3 이 땅에 사는 동안, 여호와를 굳게
믿고 착한 일을 하면서 주님의 모습
을 닮아 가십시오.
4 여호와를 생각하면서 즐거워하십시
오. 그러면 주님께서 여러분의 소원을
들어 주실 것입니다.
5 여호와께 여러분의 길을 맡기고 그분
을 굳게 믿으십시오. 그리하면 주님
께서 다 이루어 주실 것입니다.
6 또 여러분이 하는 의로운 일과 정의
로운 행동들을 한낮의 햇빛처럼 빛나
게 해 주실 것입니다.
7 잠잠히 인내하면서 여호와를 기다
리십시오. 악한 자들이 잘 산다고
해서 속상해하거나 그들의 악한 계
획들이 이루어진다고 해서 좌절하
지 마십시오.
8 노여워하거나 화를 터뜨리지 마십시
오. 속상해하지 마십시오. 자신에게

push me around.
12 Look! Those who do evil have fallen! They
are thrown down, never to rise again.

A psalm of David.

37 Don't worry about the wicked or envy those
who do wrong.
2 For like grass, they soon fade away. Like
spring flowers, they soon wither.
3 Trust in the LORD and do good. Then you
will live safely in the land and prosper.
4 Take delight in the LORD, and he will give
you your heart's desires.
5 Commit everything you do to the LORD. Trust
him, and he will help you.
6 He will make your innocence radiate like
the dawn, and the justice of your cause will
shine like the noonday sun.
7 Be still in the presence of the LORD, and wait
patiently for him to act. Don't worry about
evil people who prosper or fret about their
wicked schemes.
8 Stop being angry! Turn from your rage!
Do not lose your temper–it only leads to
harm.

12 **throw down:** 무너뜨리다, 쓰러뜨리다
1 **envy:** 부러워하다, 질투하다
2 **fade away:** 사라지다
wither: 시들다
3 **prosper:** 번영하다
5 **commit:** 보호에 맡기다, 위탁하다
6 **innocence:** 순결, 무죄
radiate: 빛나다
noonday: 한낮, 정오
7 **presence:** 존재
patiently: 참을성 있게
scheme: 계획, 음모
8 **rage:** 분노, 격노
lose one's temper: 화내다, 욱하다

12

A psalm of David.

37

2

3

4

5

6

7

8

해로울 뿐입니다.
9 악한 사람들은 반드시 쫓겨날 것입니다. 그러나 주님께 소망을 두는 사람은 땅을 영원한 유산으로 받을 것입니다.
10 악한 사람들은 곧 이 땅에서 없어질 것입니다. 아무리 찾아보아도 그들은 없을 것입니다.
11 겸손한 사람들은 땅을 영원한 유산으로 얻을 것이고, 완전한 평화를 누리게 될 것입니다.
12 악한 자들은 의로운 사람들을 모함하고, 그들을 향해 이를 갑니다.
13 주님은 악한 자들을 보시고 그들을 비웃으십니다. 그것은 그들이 멸망하는 날이 가까워 오고 있음을 아시기 때문입니다.
14 악한 자들이 칼을 뽑고 활을 당겨 가난하고 불쌍한 사람들을 거꾸러뜨리고 정직한 사람들을 죽이려 합니다.
15 그러나 그들의 칼은 자기들의 가슴을 꿰뚫을 것이며, 그들의 활은 부러질 것입니다.
16 적은 재물을 가지고 의롭게 사는 것이 많은 재물을 가지고 악하게 사는 것보다 낫습니다.
17 악한 자들의 세력은 꺾일 것이고, 여호와께서는 의로운 사람들을 붙들어 주실 것입니다.
18 주님은 정직한 사람들의 삶을 지켜 보십니다. 그들이 받은 유산들

9 For the wicked will be destroyed, but those who trust in the LORD will possess the land.
10 Soon the wicked will disappear. Though you look for them, they will be gone.
11 The lowly will possess the land and will live in peace and prosperity.
12 The wicked plot against the godly; they snarl at them in defiance.
13 But the Lord just laughs, for he sees their day of judgment coming.
14 The wicked draw their swords and string their bows to kill the poor and the oppressed, to slaughter those who do right.
15 But their swords will stab their own hearts, and their bows will be broken.
16 It is better to be godly and have little than to be evil and rich.
17 For the strength of the wicked will be shattered, but the LORD takes care of the godly.
18 Day by day the LORD takes care of the innocent, and they will receive an inheritance that lasts forever.

9 **possess:** 보유하다
11 **lowly:** 겸손한
prosperity: 번영
12 **plot against:** …를 해할 음모를 꾸미다
godly: 신의 뜻에 순종하는
snarl: 으르렁거리다
defiance: 무시, 반항
14 **string:** 활 시위
oppressed: 학대받는, 억압받는
slaughter: 학살하다
15 **stab:** 찌르다
18 **day by day:** 날마다의, 매일매일
receive: 받다
inheritance: 유산

9

10

11

12

13

14

15

16

17

18

은 대대로 번창할 것입니다.
19 그들은 재난이 닥쳐와도 어려움을
당하지 않을 것이며, 굶주림의 때에
도 풍성히 먹을 것입니다.
20 그렇지만 악한 자들은 멸망할 것입니
다. 여호와의 원수들은 들의 꽃처럼 될
것이고, 연기처럼 사라져 버릴 것입니다.
21 악한 자들은 꾸어 가지만 다시 갚지
않습니다. 그러나 의로운 사람들은
넉넉하게 베풀고 삽니다.
22 하나님께서 복 주시는 사람은 땅을
유산으로 받을 것이지만 하나님께서
저주하는 사람은 죽을 것입니다.
23 여호와께서 어떤 사람의 가는 길을
기뻐하신다면 그 사람의 발걸음을
굳게 붙잡아 주실 것입니다.
24 비틀거릴지라도 넘어지지 않을 것입
니다. 왜냐하면 여호와께서 그의 손
을 붙잡고 계시기 때문입니다.
25 내가 어려서부터 늙기까지 이제껏 살
아오면서 여호와께서 의로운 사람을
내버려 두시는 것과 그들의 자녀들이
구걸하는 것을 보지 못했습니다.
26 의로운 사람은 언제나 넉넉하여 다른
사람에게 나눠 주기를 좋아합니다. 그
래서 그들의 자손들이 복을 받습니다.
27 악한 일을 멈추고 착한 일을 하십시
오. 그러면 여러분은 땅에서 영원히
살게 됩니다.
28 왜냐하면 여호와께서는 올바른 사람
을 사랑하시고, 신실한 사람들을 떠나

19 They will not be disgraced in hard times;
even in famine they will have more than
enough.
20 But the wicked will die. The LORD's enemies
are like flowers in a field–they will disappear
like smoke.
21 The wicked borrow and never repay, but the
godly are generous givers.
22 Those the LORD blesses will possess the land,
but those he curses will die.
23 The LORD directs the steps of the godly. He
delights in every detail of their lives.
24 Though they stumble, they will never fall, for
the LORD holds them by the hand.
25 Once I was young, and now I am old. Yet
I have never seen the godly abandoned or
their children begging for bread.
26 The godly always give generous loans to
others, and their children are a blessing.
27 Turn from evil and do good, and you will live
in the land forever.
28 For the LORD loves justice, and he will never
abandon the godly. He will keep them safe
forever, but the children of the wicked will

19 **be disgraced:** 수치를 당하다
famine: 기근, 굶주림
20 **the wicked:** 악인
disappear: 사라지다
21 **borrow:** 빌리다
repay: 갚다
generous: 관대한, 너그러운
22 **curse:** 저주
24 **stumble:** 비틀거리며 걷다
25 **abandon:** 버리다, 유기하다
beg for bread: 걸식하다, 구걸하다
26 **generous:** 후한, 관대한
loan: 대부(금)
28 **justice:** 정의, 공평

19

20

21

22

23

24

25

26

27

28

지 않으시기 때문입니다. 여호와께서
언제나 그들을 지키실 것입니다. 그러
나 악한 자들의 자손들은 죽게 될 것
입니다.
29 의로운 사람들은 땅을 유산으로 받
게 될 것이며 영원히 그 땅에서 살
것입니다.
30 의로운 사람들은 지혜를 말하며, 바
른 것만을 이야기합니다.
31 하나님의 교훈을 그 마음속에 두고 살
기 때문에 결코 넘어지지 않습니다.
32 악한 자들은 의로운 사람을 잡아
죽이려고 숨어서 노려봅니다.
33 그렇지만 여호와는 의로운 사람들을
악한 자의 손에 두지 않으십니다. 그들
이 법정에 서게 되더라도 벌을 받지 않
게 하실 것입니다.
34 여호와를 기다리십시오. 그분의 길
을 따라 사십시오. 여호와께서 여러
분을 높여 주시고 땅을 주실 것입니
다. 악한 자들이 쫓겨나는 것을 여러
분은 보게 될 것입니다.
35 나는 악하고 무자비한 사람을 보았
습니다. 기름진 땅에 선 푸른 나무처
럼 번성한 듯 보였습니다.
36 그러나 그 사람은 곧 죽어 없어져
버렸습니다. 아무리 찾으려 해도 그
를 찾을 수 없었습니다.
37 깨끗한 사람을 생각하십시오. 정직
한 사람을 잘 보십시오. 평화의 사
람에게는 미래가 열려 있습니다.

die.
29 The godly will possess the land and will live
there forever.
30 The godly offer good counsel; they teach
right from wrong.
31 They have made God's law their own, so they
will never slip from his path.
32 The wicked wait in ambush for the godly,
looking for an excuse to kill them.
33 But the LORD will not let the wicked succeed
or let the godly be condemned when they are
put on trial.
34 Put your hope in the LORD. Travel steadily
along his path. He will honor you by giving
you the land. You will see the wicked
destroyed.
35 I have seen wicked and ruthless people
flourishing like a tree in its native soil.
36 But when I looked again, they were gone!
Though I searched for them, I could not find
them!
37 Look at those who are honest and good, for
a wonderful future awaits those who love
peace.

29 **possess:** 소유하다
30 **counsel:** 상담, 조언
31 **slip:** 미끄러지다, 넘어지다
32 **ambush:** 매복
excuse: 구실, 핑계
33 **condemn:** 정죄하다, 책망하다
trial: 공판, 재판
34 **travel:** 가다, 이동하다
steadily: 착실하게
35 **ruthless:** 무자비한
flourish: 번성하다
soil: 흙, 땅
36 **search for:** …을 찾다, 구하다
38 **rebellious:** 반역하는

29

30

31

32

33

34

35

36

37

38 그러나 악한 자들은 망할 것입니다.
악한 자들의 미래는 닫혀질 것입니다.
39 의로운 자들의 구원은 여호와께 있
습니다. 어려울 때에 여호와는 그들
이 피할 요새가 되어 주십니다.
40 여호와께서 그들을 도우시며 구원
해 주십니다. 악한 자로부터 구해 내
시고 보호해 주십니다. 왜냐하면 그
들이 여호와를 의지하고, 여호와께
피하기 때문입니다.

아플 때의 기도 – 다윗의 시. 애원의 시

38 여호와여, 주의 분노로 나를 꾸짖지
마시고, 노여움으로 나를 징계하지
마소서.
2 주님이 쏜 화살이 내 몸에 꽂혔으며,
주님의 손이 나를 내리치셨습니다.
3 주님께서 내게 분노하시니 내 몸이
온통 멍들었으며, 내 지은 죄 때문
에 내 뼈가 성한 곳이 없습니다.
4 나의 죄들이 무거운 짐처럼 나를 짓
누르니 내 마음이 괴로워 견디기 힘
듭니다.
5 내 몸의 상처가 점점 더 곪아 냄새
나는 것은 내가 저지른 어리석은 죄
들 때문입니다.
6 내 허리가 구부러져 땅에 닿을 정도
가 되었으니 온종일 슬퍼합니다.
7 허리의 심한 통증으로 온몸이 욱신
거리니, 내 몸에 성한 곳이 한 군데
도 없습니다.
8 온몸이 떨리고 쓰러질 듯하니, 내가

38 But the rebellious will be destroyed; they
have no future.
39 The LORD rescues the godly; he is their
fortress in times of trouble.
40 The LORD helps them, rescuing them from
the wicked. He saves them, and they find
shelter in him.

A psalm of David, asking God to remember him.

38 O LORD, don't rebuke me in your anger or
discipline me in your rage!
2 Your arrows have struck deep, and your
blows are crushing me.
3 Because of your anger, my whole body is
sick; my health is broken because of my sins.
4 My guilt overwhelms me–it is a burden too
heavy to bear.
5 My wounds fester and stink because of my
foolish sins.
6 I am bent over and racked with pain. All day
long I walk around filled with grief.
7 A raging fever burns within me, and my
health is broken.
8 I am exhausted and completely crushed.
My groans come from an anguished heart.

1 **rebuke:** 꾸짖다
discipline: 징계하다
rage: 분노
2 **arrow:** 화살
crush: 부수다
4 **overwhelm:** 압도하다
burden: 무거운 짐
bear: 받치다, 부담하다
5 **wound:** 상처, 고통
fester: 곪다
stink: 악취를 풍기다
6 **grief:** 깊은 슬픔
7 **raging:** 격렬한, 극심한
fever: 열, 고열

38

39

40

A psalm of David, asking God to remember him.

38

2

3

4

5

6

7

8

실망하여 신음합니다.
9 주님, 내가 얼마나 주님을 바라는지 아십니다. 내 모든 한숨 소리를 주님은 모두 들으십니다.
10 내 가슴은 뛰며, 힘도 다 빠졌고 내 눈은 볼 수 없습니다.
11 내 상처 때문에 친구들과 이웃들이 나를 피하고, 친척들도 나를 멀리합니다.
12 나를 죽이려는 자들이 몰래 덫을 놓습니다. 나를 해치려 하는 자들이 나의 불행에 대해 말하고 다닙니다. 온종일 그들은 거짓말을 생각해 냅니다.
13 나는 듣지 못하는 사람처럼 들을 수 없게 되었고, 말 못하는 사람처럼 말할 수 없게 되었습니다.
14 나는 듣지 못하는 사람처럼 되었고, 대답할 줄 모르는 사람처럼 되었습니다.
15 여호와여, 내가 주를 간절히 기다립니다. 오 주님, 나의 하나님이여, 내게 대답해 주소서.
16 내가 이렇게 부르짖습니다. "악인들이 나를 비웃지 못하게 해 주소서. 내가 넘어질 때에 조롱하지 못하도록 해 주소서."
17 내가 당장 쓰러질 것만 같습니다. 고통이 계속되어 견딜 수가 없습니다.
18 주님, 잘못을 고백합니다. 내가 저지른 죄를 생각하니 괴롭습니다.
19 내게 덤벼드는 원수들은 강하고 많습니다. 아무 이유 없이 나를 미워

9 You know what I long for, Lord; you hear my every sigh.
10 My heart beats wildly, my strength fails, and I am going blind.
11 My loved ones and friends stay away, fearing my disease. Even my own family stands at a distance.
12 Meanwhile, my enemies lay traps to kill me. Those who wish me harm make plans to ruin me. All day long they plan their treachery.
13 But I am deaf to all their threats. I am silent before them as one who cannot speak.
14 I choose to hear nothing, and I make no reply.
15 For I am waiting for you, O LORD. You must answer for me, O Lord my God.
16 I prayed, "Don't let my enemies gloat over me or rejoice at my downfall."
17 I am on the verge of collapse, facing constant pain.
18 But I confess my sins; I am deeply sorry for what I have done.
19 I have many aggressive enemies; they hate

8 **exhausted:** 지칠 대로 지친
groan: 신음하다, 괴로워하다
anguished: 고뇌에 찬
9 **sigh:** 한숨, 탄식
12 **meanwhile:** 한편으로는
trap: 덫
ruin: 망치다
treachery: 배반
13 **deaf:** 듣지 못하는
16 **downfall:** 몰락
17 **on the verge of:** …하기 직전에
collapse: 좌절, 무너짐
18 **confess:** 고백하다
19 **aggressive:** 공격적인

9

10

11

12

13

14

15

16

17

18

19

하는 사람들이 수없이 많습니다.
20 내가 착한 일을 베풀었어도 악으로
갚는 사람들이 많습니다. 내가 선한
일을 하려 할 때에 그들은 늘 비방
하고 다닙니다.
21 여호와여, 나를 버리지 마소서. 오 나
의 하나님이여, 나를 멀리하지 마소서.
22 오 주 나의 구원자여, 빨리 오셔서 나
를 구원하여 주소서. 인생은 짧습니다

허망한 인생 – 다윗의 시.
지휘자 여두둔을 따라 부른 노래

39 내가 이렇게 말했습니다. "나는 행동
을 조심하고 내 혀로 죄를 짓지 않겠
다. 못된 사람들이 내 주위에 있는 한
나는 입을 열지 않을 것이다."
2 그래서 나는 침묵하고 지냈습니다.
심지어 좋은 말이라도 입 밖에 내지
않았습니다. 그러나 내 마음은 점점
괴로워졌습니다.
3 점점 속에서 열이 끓어 오르기 시작
했습니다. 생각하면 할수록 화가 치
밀어 올랐습니다. 나는 견디다 못해
말했습니다.
4 "여호와여, 내 인생의 마지막이 언제이
며, 어느 때에 내 삶의 끝이 오는지 알
려 주소서. 나의 삶이 날아가는 화살
같다는 것을 알았습니다.
5 주님께서 내게 고작 한 뼘밖에 안
되는 짧은 인생을 주셨습니다. 내
일생이 주님 앞에서는 아무것도 아
닙니다. 사람들의 일생은 한 순간의

me without reason.
20 They repay me evil for good and oppose me
for pursuing good.
21 Do not abandon me, O LORD. Do not stand at
a distance, my God.
22 Come quickly to help me, O Lord my savior.

For Jeduthun, the choir director: A psalm of David.

39 I said to myself, "I will watch what I do and
not sin in what I say. I will hold my tongue
when the ungodly are around me."
2 But as I stood there in silence–not even
speaking of good things–the turmoil within
me grew worse.
3 The more I thought about it, the hotter I got,
igniting a fire of words:
4 "LORD, remind me how brief my time on
earth will be. Remind me that my days are
numbered–how fleeting my life is.
5 You have made my life no longer than the
width of my hand. My entire lifetime is just
a moment to you; at best, each of us is but a
breath." *Interlude*
6 We are merely moving shadows, and all

20 **repay:** 갚다
21 **abandon:** 버리다
1 **say to oneself:** (마음속으로) 혼잣말을 하다
ungodly: 사악한, 신앙심이 없는
2 **silence:** 침묵하다
turmoil: 혼란
worse: 더 나쁜, 악화되어 있는
3 **ignite:** 발화시키다
4 **remind:** 알려주다, 생각나게 하다
brief: 잠시의, 단시간의
fleeting: 무상한, 덧없는
5 **width:** 폭, 너비
entire: 전체의
Interlude: 히브리어 '셀라'의 번역

20

21

22

For Jeduthun, the choir director: A psalm of
David.

39

2

3

4

5

6

입김일 뿐입니다." (셀라)
6 사람의 분주한 인생은 마치 신기루
와 같습니다. 이리저리 돌아다녀 보
지만 결국 모두 헛것입니다. 재물을
모아 쌓아 두지만 누가 그것을 가져
가는지 알지 못합니다.
7 "주님, 내가 무엇을 추구해야 한단 말
입니까? 주님만이 나의 소망이십니다.
8 주님께서 내가 지은 모든 죄에서 나
를 건져 주소서. 어리석은 자들이
나를 비웃지 못하게 하소서.
9 나는 침묵했습니다. 내가 입을 열지
않았습니다. 이는 주님께서 내 입을
닫으셨기 때문입니다.
10 주님, 이제 나를 그만 벌하소서. 주
님께서 손으로 내려치시니 내가 죽
을 것 같습니다.
11 주님은 죄지은 사람들을 꾸짖고 벌주십
니다. 좀먹듯이 그들의 재산을 먹어 버
리십니다. 그렇습니다. 사람의 일생은
한 순간의 입김에 불과합니다." (셀라)
12 여호와여, 내 기도를 들어 주소서. 도움
을 청하는 나의 부르짖음에 귀를 기울여
주소서. 나의 울음 소리를 못 들은 체하
지 말아 주소서. 나그네와 같은 내가 주
님과 함께 있습니다. 우리 조상들처럼 내
가 이방인으로 여기에 살고 있습니다.
13 내게서 눈길을 돌려 주소서. 그러면 내가
다시 즐겁게 살다 갈 수 있을 것입니다.

도와주심에 대한 감사와 기도
– 다윗의 시. 지휘자를 따라 부른 노래

our busy rushing ends in nothing. We
heap up wealth, not knowing who will
spend it.
7 And so, Lord, where do I put my hope? My
only hope is in you.
8 Rescue me from my rebellion. Do not let
fools mock me.
9 I am silent before you; I won't say a word,
for my punishment is from you.
10 But please stop striking me! I am exhausted
by the blows from your hand.
11 When you discipline us for our sins, you
consume like a moth what is precious to
us. Each of us is but a breath. *Interlude*
12 Hear my prayer, O LORD! Listen to my cries
for help! Don't ignore my tears. For I am
your guest–a traveler passing through, as my
ancestors were before me.
13 Leave me alone so I can smile again before I
am gone and exist no more.

For the choir director: A psalm of David.

40 I waited patiently for the LORD to help me,
and he turned to me and heard my cry.
2 He lifted me out of the pit of despair, out

6 **merely:** 단지, 그저
rush: 서두르다
8 **rebellion:** 모반, 반란
mock: 조롱하다
9 **punishment:** 벌, 징계
10 **strike:** 치다, 때리다
exhausted: 지칠 대로 지친
11 **discipline:** 징계, 징벌
consume: 다 써버리다, 소모하다
moth: 좀먹음
precious: 귀중한, 값비싼
12 **ignore:** 무시하다
13 **exist:** 존재하다
1 **patiently:** 끈기 있게

7

8

9

10

11

12

13

For the choir director: A psalm of David.

40

2

40 내가 여호와를 기다리고 또 기다렸
습니다. 주님께서 나를 돌아보시고,
나의 부르짖음을 들으셨습니다.
2 주님께서 나를 질퍽거리는 구렁텅이
에서 끄집어내시고 진흙 수렁에서
꺼내 주셨습니다. 주님께서 나를 바
위 위에 세우시고 굳건한 곳에 설
수 있도록 인도하셨습니다.
3 주님께서 내게 새 노래를 부르게 하
셨습니다. 우리 하나님을 찬양하는
노래입니다. 많은 사람들이 이것을
보고 두려워 떨 것입니다. 그리고 여
호와를 믿게 될 것입니다.
4 여호와를 굳게 믿는 사람은 행복한
사람입니다. 그들은 거만한 사람들
을 쳐다보지도 않으며, 거짓 신들을
따라가는 자들을 경멸합니다.
5 여호와 나의 하나님이시여, 주님께서는 위
대한 일들을 많이 하셨습니다. 주님께서
우리를 위해 계획하신 일들이 많기 때문
에 사람들에게 다 말해 줄 수 없습니다.
6 주님은 제사와 제물을 바라지 않으십
니다. 주님은 태워 드리는 제사인 번제
나 죄를 씻는 제사인 속죄제를 바라지
않으십니다. 내가 주님의 말씀을 바랐
더니 주께서 내 귀를 열어 주셨습니다.
7 그래서 내가 말했습니다. "보소서,
내가 왔습니다. 율법책에 나에 관한
기록이 있습니다.
8 오 나의 하나님이여, 내가 주님께서
바라시는 것을 기쁘게 행하려 합니

of the mud and the mire. He set my feet on
solid ground and steadied me as I walked
along.
3 He has given me a new song to sing, a hymn
of praise to our God. Many will see what he
has done and be amazed. They will put their
trust in the LORD.
4 Oh, the joys of those who trust the LORD,
who have no confidence in the proud or in
those who worship idols.
5 O LORD my God, you have performed many
wonders for us. Your plans for us are too
numerous to list. You have no equal. If I tried
to recite all your wonderful deeds, I would
never come to the end of them.
6 You take no delight in sacrifices or offerings.
Now that you have made me listen, I finally
understand–you don't require burnt offerings
or sin offerings.
7 Then I said, "Look, I have come. As is written
about me in the Scriptures:
8 I take joy in doing your will, my God, for
your instructions are written on my heart."
9 I have told all your people about your justice.

2 **despair:** 절망
mire: 수렁
solid: 단단한
steady: 확고하게 하다
3 **hymn:** 찬송가, 찬가
4 **confidence:** 신용, 신뢰
5 **perform:** 행하다, 수행하다
numerous: 셀 수 없이 많은, 다수의
recite: 열거하다
6 **sacrifice:** 제사
require: 요구하다
burnt offering: 번제(태워드리는 제사)
sin offering: 속죄제
7 **Scripture:** 성서, 성경

3

4

5

6

7

8

9

다. 주님의 가르침이 항상 내 마음
에 있습니다."
9 내가 많은 사람들이 모일 때에 주님
의 의로우심을 알리겠습니다. 내가
잠자코 있지 않으리라는 것을 여호
와께서는 아십니다.
10 나는 주님의 의로우심을 내 마음속
에 감춰 두지 않습니다. 주님의 성실
하심과 구원에 관하여 말합니다. 나
는 많은 사람들이 모일 때에 주님의
사랑과 진리를 숨기지 않습니다.
11 여호와여, 주님의 자비를 나에게서 멈
추지 마소서. 주님의 사랑과 진리가
나를 언제나 지켜 주시기 바랍니다.
12 수많은 어려운 문제들이 나를 둘러
싸고 있습니다. 내 죄가 나를 붙잡으
니 내가 앞을 볼 수 없습니다. 내가
지은 죄들이 내 머리카락 수보다 더
많아 실망하게 되었습니다.
13 여호와여, 제발 나를 구해 주소서.
여호와여, 어서 빨리 오셔서 나를
도와 주소서.
14 나를 죽이려고 달려드는 모든 자들
이 수치를 당하게 하시고 혼란스러
움을 겪게 하소서. 내가 망하는 것
을 바라는 사람들 모두가 창피를 당
하여 도망가게 해 주소서.
15 나를 향해 "그럴 줄 알았지, 잘 되었
군!" 하고 비웃는 사람들이 부끄러
워 당황하게 해 주소서.
16 그러나 주님을 찾는 사람들은 주님

I have not been afraid to speak out, as you, O
LORD, well know.
10 I have not kept the good news of your justice
hidden in my heart; I have talked about
your faithfulness and saving power. I have
told everyone in the great assembly of your
unfailing love and faithfulness.
11 LORD, don't hold back your tender mercies
from me. Let your unfailing love and
faithfulness always protect me.
12 For troubles surround me—too many to
count! My sins pile up so high I can't see
my way out. They outnumber the hairs on
my head. I have lost all courage.
13 Please, LORD, rescue me! Come quickly, LORD,
and help me.
14 May those who try to destroy me be
humiliated and put to shame. May those who
take delight in my trouble be turned back in
disgrace.
15 Let them be horrified by their shame, for
they said, "Aha! We've got him now!"
16 But may all who search for you be filled with
joy and gladness in you. May those who love

8 **instruction:** 지시, 가르침
10 **assembly:** 집회
11 **tender:** 부드러운
mercy: 자비
12 **pile up:** 쌓이다, 모이다
outnumber: 수적으로 우세하다
courage: 용기
14 **humiliate:** 굴욕감을 주다
put to shame: 창피주다
take delight in: …을 기뻐하다
15 **horrify:** 무서워 떨게 하다
shame: 부끄러워하다
16 **gladness:** 기쁨
salvation: 구원

10

11

12

13

14

15

16

으로 말미암아 기쁘고 즐거워하게
하소서. 주님의 구원을 감사하는 사
람들은 항상 "여호와를 찬양하세!"
하고 외치게 하소서.
17 나는 가난하고 힘이 없습니다. 주님,
나를 기억하여 주소서. 주님은 나를
돕는 분이시며, 나를 구원하는 분이
십니다. 나의 하나님이시여, 지체하
지 마시고 빨리 오소서.

아플 때의 기도 – 다윗의 시. 지휘자를 따라 부른 노래

41 연약한 사람들을 돌보는 사람은 행복
한 사람입니다. 어려움이 닥칠 때에 여
호와께서 그 사람을 건져 주십니다.
2 여호와께서 그를 지키실 것이며, 그
의 생명을 보호하실 것입니다. 주님
께서 이 땅에서 그에게 복 주실 것
이며, 원수들에게 먹히지 않도록 그
를 붙잡아 주실 것입니다.
3 그가 아플 때에 여호와께서 붙들어
주실 것이며, 병상에서 그를 일으켜
다시 건강하게 해 주실 것입니다.
4 내가 "여호와여, 나를 불쌍히 여겨 주
소서. 내 병을 고쳐 주소서. 내가 주님
께 죄를 지었습니다"라고 말했습니다.
5 원수들이 나를 보고 나쁜 말들을 하
고 다닙니다. "저자가 언제 죽어 없어
져 그 이름을 잊어 버리게 될까?"
6 사람들이 나를 보러 올 때마다, 그
들은 거짓말만 합니다. 속으로는 험
담을 생각해 내고, 좋지 않은 소문

your salvation repeatedly shout, "The LORD is
great!"
17 As for me, since I am poor and needy, let
the Lord keep me in his thoughts. You are
my helper and my savior. O my God, do not
delay.

For the choir director: A psalm of David.

41 Oh, the joys of those who are kind to the
poor! The LORD rescues them when they are
in trouble.
2 The LORD protects them and keeps them
alive. He gives them prosperity in the land
and rescues them from their enemies.
3 The LORD nurses them when they are sick
and restores them to health.
4 "O LORD," I prayed, "have mercy on me. Heal
me, for I have sinned against you."
5 But my enemies say nothing but evil about
me. "How soon will he die and be forgotten?"
they ask.
6 They visit me as if they were my friends,
but all the while they gather gossip,
and when they leave, they spread it
everywhere.

16 **repeatedly:** 되풀이하여
17 **as for:** …에 관해서는, …은 어떤가 하면
needy: (매우) 가난한
1 **rescue:** 구출하다
2 **prosperity:** 번영
3 **nurse:** 간호하다
restore: 복구하다
4 **have mercy on:** …에게 자비를 베풀다
sin against: …을 거슬러 죄를 짓다
5 **nothing but:** 단지 …일 따름
6 **as if:** 처럼, 마치
gather: 모으다
gossip: 험담, 뜬소문
spread: 퍼뜨리다

17

For the choir director: A psalm of David.

41

2

3

4

5

6

을 퍼뜨리고 다닙니다.
7 나의 원수들 모두가 나에 대해서 수군거리고 다닙니다. 마음속으로 내게 가장 불행한 일이 생기기를 바라는 자들입니다.
8 그들은 "그자가 지독한 병에 걸렸다네. 다시는 자리에서 일어나지 못할 거야"라고 말합니다.
9 나에게는 가장 친하고 믿을 만한 친구가 있었습니다. 그는 나와 함께 밥을 먹는 가까운 친구였지만, 이제는 그 친구마저 나에게 등을 돌렸습니다.
10 그러나 주 여호와여, 나를 불쌍히 여겨 주소서. 내게 힘을 주셔서 그들에게 이를 갚을 수 있게 하소서.
11 원수들이 내 앞에서 큰소리치지 않으므로 주께서 나를 기쁘게 여기시는 줄 압니다.
12 내가 순전할 때에 주께서 나를 붙들어 주시는 줄 압니다. 나를 언제까지나 주와 함께 있게 해 주소서.
13 이스라엘의 하나님 여호와를 찬양합시다. 영원부터 영원까지 그분을 찬양합시다. 아멘! 아멘!

7 All who hate me whisper about me,
imagining the worst.
8 "He has some fatal disease," they say. "He
will never get out of that bed!"
9 Even my best friend, the one I trusted
completely, the one who shared my food, has
turned against me.
10 LORD, have mercy on me. Make me well
again, so I can pay them back!
11 I know you are pleased with me, for you
have not let my enemies triumph over
me.
12 You have preserved my life because I am
innocent; you have brought me into your
presence forever.
13 Praise the LORD, the God of Israel, who lives
from everlasting to everlasting. Amen and
amen!

7 **whisper:** 수군거리다
8 **fatal:** 치명적인
disease: 질병
9 **completely:** 완전히, 완벽하게
turn against: 대적하다
11 **be pleased with:** …를 기뻐하다
triumph over: …를 이기다
12 **preserve:** 보호하다
innocent: 순수한, 순전한
13 **everlasting:** 영원

7

8

9

10

11

12

13

제 2 권 (시편 42–72편)

하나님을 갈망하는 자의 기도 – 고라 자손의 마스길. 지휘자를 따라 부른 노래

42 목마른 사슴이 시냇물을 찾아 헤매
이듯이 오 하나님이시여, 내 영혼이
주를 찾아 헤매입니다.
2 내가 살아 계신 하나님을 애타게 그
리워합니다. 언제 내가 하나님을 만
나러 갈 수 있겠습니까?
3 낮이면 낮마다, 밤이면 밤마다 내
눈물이 양식이 되었습니다. 사람들
은 언제나 내게 말합니다. "너의 하
나님이 어디 있지?"
4 지난 일들을 생각하면 할수록 내
가슴이 찢어집니다. 나는 사람들을
이끌고, 하나님의 성전을 향해 들어
가곤 했습니다. 기뻐 소리를 지르고
감사의 찬송을 부르며, 그 행복한
사람들과 어울리곤 했습니다.
5 오 내 영혼아, 어찌하여 슬퍼하는가?
왜 그렇게 속상해하는가? 하나님께
희망을 가져야 할 것이다. 나를 구원
하신 분이시며 나의 하나님이신 그분
을 마땅히 찬양해야 할 것이 아닌가?
6 내가 몹시 슬프지만 주를 기억하겠
습니다. 요단 강이 시작되는 땅에서,
헤르몬 산에서, 미살 산에서, 내가
주를 기억할 것입니다.
7 주의 폭포수가 큰 소리를 내며 떨어
지듯이 어렵고 괴로운 일들이 계속
나에게 찾아옵니다. 주의 파도와 물

Book TWO (Psalms 42–72)

For the choir director: A psalm of the descendants of Korah.

42 As the deer longs for streams of water, so I
long for you, O God.
2 I thirst for God, the living God. When can I
go and stand before him?
3 Day and night I have only tears for food,
while my enemies continually taunt me,
saying, "Where is this God of yours?"
4 My heart is breaking as I remember how
it used to be: I walked among the crowds
of worshipers, leading a great procession
to the house of God, singing for joy and
giving thanks amid the sound of a great
celebration!
5 Why am I discouraged? Why is my heart so
sad? I will put my hope in God! I will praise
him again–my Savior and
6 my God! Now I am deeply discouraged, but I
will remember you–even from distant Mount
Hermon, the source of the Jordan, from the
land of Mount Mizar.
7 I hear the tumult of the raging seas as your

1 **deer:** 사슴
long for: 고대하다, 열망하다
stream: 시내, 하천
2 **thirst for:** …를 갈망하다
3 **continually:** 계속해서
taunt: 조롱하다, 비아냥거리다
4 **procession:** 행렬
amid: …의 한복판에
celebration: 찬양, 칭송, 축하 행사
5 **discouraged:** 낙심한
6 **distant:** 먼, 멀리 있는
source: 근원, 원천
7 **tumult:** 소란, 떠들썩함
raging: 맹렬한

Book TWO (Psalms 42–72)

For the choir director: A psalm of the descendants
of Korah.

42

2

3

4

5

6

7

을 부수며 파괴하는 소리가 나를 둘
러 덮고 있습니다.
8 낮에는 여호와께서 사랑을 보여 주
시고 밤이면 내가 주를 노래하며 나
의 생명이신 하나님께 기도합니다.
9 나는 나의 바위가 되시는 하나님께
외칩니다. "왜 나를 잊어 버리셨습니
까? 왜 내가 슬피 울면서 돌아다녀
야 합니까? 왜 원수들 때문에 괴로
워해야 합니까?"
10 내 원수들의 비웃는 말을 들으면 내
뼈가 부서지는 듯 괴롭습니다. 원수
들은 늘 이렇게 말합니다. "네 하나
님이 어디 있지?"
11 오 내 영혼아, 어찌하여 슬퍼하는가?
왜 그렇게 속상해하는가? 하나님께
희망을 가져야 할 것이다. 나를 구원
하신 분이시며 나의 하나님이신 그분
을 마땅히 찬양해야 할 것이 아닌가?

보호해 달라는 기도

43 오 하나님, 나의 결백을 변호해 주소서.
경건하지 않은 자들을 향해 내 사정을
변호해 주소서. 거짓말하는 사람들,
악한 사람들로부터 나를 건져 주소서.
2 주는 나의 안전한 피난처가 되시는
하나님이십니다. 그런데 왜 나를 버
리셨습니까? 왜 내가 울면서 다녀야
한단 말입니까? 왜 내가 원수들의
박해를 받아야 한단 말입니까?
3 주의 빛과 진리를 보내 주소서. 그
것들로 나를 인도해 주소서. 그것들

waves and surging tides sweep over me.
8 But each day the LORD pours his unfailing
love upon me, and through each night I
sing his songs, praying to God who gives
me life.
9 "O God my rock," I cry, Why have you
forgotten me? Why must I wander around
in grief, oppressed by my enemies?"
10 Their taunts break my bones. They scoff,
"Where is this God of yours?"
11 Why am I discouraged? Why is my heart so
sad? I will put my hope in God! I will praise
him again–my Savior and my God!

43 Declare me innocent, O God! Defend me
against these ungodly people. Rescue me
from these unjust liars.
2 For you are God, my only safe haven. Why
have you tossed me aside? Why must I
wander around in grief, oppressed by my
enemies?
3 Send out your light and your truth; let
them guide me. Let them lead me to your
holy mountain, to the place where you
live.

surge: 물결치다
tide: 조수, 밀물
sweep: 쓸어내리다, 휩쓸다
8 pour: 붓다, 퍼붓다
9 grief: 슬픔, 비탄
oppress: 억압하다, 학대하다
10 taunt: 조롱하다, 비아냥거리다
scoff: 비웃다, 조롱하다
11 Savior: 구세주, 예수님을 가리키는 표현
1 declare: 선언하다, 단언하다
defend: 방어하다, 지키다
ungodly: 사악한, 신앙심이 없는
rescue A from B: A를 B에서 구출하다
unjust: 부당한, 불공평한

8

9

10

11

43

2

3

43:4~44:4 | PSALMS

이 나를 주의 거룩한 산과 주님께서 사시는 곳으로 인도하게 하소서.
4 그러면 내가 하나님의 제단 앞에, 내 기쁨이며 즐거움이신 하나님 앞에 가겠습니다. 하나님, 나의 하나님 이시여, 내가 수금으로 주를 찬양하겠습니다.
5 오 내 영혼아, 너는 어찌하여 그렇게 슬퍼하는가? 왜 그렇게 속상해하는가? 너는 하나님께 소망을 두어라. 내가 나의 구원자시며 나의 하나님 이신 그분을 찬양할 것이다.

구원을 간구하는 기도 – 고라 자손의 마스길. 지휘자를 따라 부른 노래

44 오 하나님, 우리는 우리 조상들이 우리에게 들려 준 이야기를 귀담아들었습니다. 옛날 우리 조상들이 살던 때에 주께서 하신 일들에 대해서 말입니다.
2 주의 손으로 뭇 나라를 몰아 내시고, 우리 조상들을 이 땅에 살게 하셨습니다. 주는 다른 민족들을 깨뜨려 부수시고, 우리 조상들은 더욱 번창하게 하셨습니다.
3 땅을 차지하게 된 것은 그들이 가진 칼 때문이 아니었으며, 승리하게 된 것도 그들의 힘 때문이 아니었습니다. 주의 오른손과 팔과 주의 얼굴빛 때문에 그들이 땅을 차지하고 승리를 얻었습니다. 이는 주께서 그들을 사랑하셨기 때문입니다.
4 주는 나의 왕, 나의 하나님이십니다.

4 There I will go to the altar of God, to God–the source of all my joy. I will praise you with my harp, O God, my God!
5 Why am I discouraged? Why is my heart so sad? I will put my hope in God! I will praise him again–my Savior and my God!

For the choir director: A psalm of the descendants of Korah.

44 O God, we have heard it with our own ears–our ancestors have told us of all you did in their day, in days long ago:
2 You drove out the pagan nations by your power and gave all the land to our ancestors. You crushed their enemies and set our ancestors free.
3 They did not conquer the land with their swords; it was not their own strong arm that gave them victory. It was your right hand and strong arm and the blinding light from your face that helped them, for you loved them.
4 You are my King and my God. You command victories for Israel.

2 **toss … aside:** …을 내던지다
3 **lead A to B:** A를 B로 인도해 가다
4 **altar:** 제단
source: 근원
5 **savior:** 구원자, 구세주
1 **ancestor:** 조상
2 **drive out:** …을 몰다, 쫓다
pagan: 이방의
crush: 박멸하다
3 **conquer:** 정복하다
sword: 검, 칼
victory: 승리
blinding: 눈이 안 보이게 하는
4 **command:** 명령하다

4

5

For the choir director: A psalm of the descendants
of Korah.

44

2

3

4

야곱 백성들에게 승리를 주셨습니다.
5 주님 덕분에 우리가 적들을 물리쳤으며 주의 이름으로 우리가 우리의 적군들을 짓밟았습니다.
6 나는 내가 가지고 있는 활을 의지하지 않습니다. 내가 가진 칼이 나에게 승리를 주지 않습니다.
7 오직 주만이 우리의 적군들을 이기게 하시며, 주만이 우리 원수들을 부끄럽게 만드십니다.
8 우리가 온종일 하나님을 자랑합니다. 하나님의 이름을 영원히 찬양하겠습니다. (셀라)
9 그러나 지금은 주께서 우리를 버리시고 부끄러움을 당하게 하셨습니다. 주께서는 더 이상 우리 군사들과 함께 전쟁에 나가지 않습니다.
10 주께서 우리를 원수들에게 쫓기게 하시니 원수들이 우리의 모든 것을 빼앗았습니다.
11 주께서 우리를 잡아 먹히는 양처럼 내버려 두시고, 여러 나라 가운데 우리를 흩어 놓으셨습니다.
12 주는 주의 백성을 헐값에 파셨습니다. 아무런 이익도 없이 내다 파셨습니다.
13 주께서 우리를 이웃 나라들에게 조롱거리가 되게 하시니 그들이 우리를 깔보고 비웃습니다.
14 주께서 우리를 다른 나라들의 농담거리가 되게 하시니 그들이 우리를 향해 고개를 젓습니다.

5 Only by your power can we push back our enemies; only in your name can we trample our foes.
6 I do not trust in my bow; I do not count on my sword to save me.
7 You are the one who gives us victory over our enemies; you disgrace those who hate us.
8 O God, we give glory to you all day long and constantly praise your name. *Interlude*
9 But now you have tossed us aside in dishonor. You no longer lead our armies to battle.
10 You make us retreat from our enemies and allow those who hate us to plunder our land.
11 You have butchered us like sheep and scattered us among the nations.
12 You sold your precious people for a pittance, making nothing on the sale.
13 You let our neighbors mock us. We are an object of scorn and derision to those around us.
14 You have made us the butt of their jokes; they shake their heads at us in scorn.

5 **push back:** (적을) 후퇴시키다
trample: 짓밟다, 밟아 뭉개다
foe: 적, 상대
6 **trust in:** …를 의지하다
count on: …을 의지하다
7 **disgrace:** 욕보이다, 수치를 당하게 하다
9 **dishonor:** 불명예, 치욕
10 **retreat:** 후퇴하다
11 **butcher:** 도살하다
scatter: 흩어버리다
12 **precious:** 소중한, 귀중한
pittance: 약간의 수입, 소량
13 **derision:** 비웃음, 조롱
14 **the butt:** 대상

5

6

7

8

9

10

11

12

13

14

15 내가 온종일 부끄럼을 당하고 삽니다. 창피해서 얼굴을 들 수가 없습니다.
16 왜냐하면 나를 비웃고 업신여기며 내게 복수하려는 원수들 때문입니다.
17 이러한 모든 일들이 우리에게 일어났지만 우리는 주를 잊지 않았으며 주의 언약을 저버리지 않았습니다.
18 우리 마음이 주께로부터 돌아서지 않았으며, 주의 길에서부터 벗어나지 않았습니다.
19 그러나 주께서 우리를 부수시고 들개들의 사냥감이 되게 하셨으며 깜깜한 어두움으로 우리를 덮으셨습니다.
20 만일 우리가 하나님의 이름을 잊었다거나 다른 신들에게 우리의 손을 들어 기도했더라면
21 하나님께서는 그것을 다 아시지 않습니까? 주께서는 사람 마음속의 비밀들을 모두 알고 계시지 않습니까?
22 우리는 언제나 죽을 지경에 있습니다. 사람들은 우리를 잡아 먹을 양처럼 생각합니다.
23 오 주여, 일어나십시오. 어찌하여 주무시고 계십니까? 자리에서 일어나십시오! 제발 우리를 버리지 마십시오.
24 왜 주의 얼굴을 우리에게서 숨기십니까? 왜 우리의 비참함과 괴로움을 잊으십니까?
25 우리가 진흙 속에 처박혀졌으며 우리의 몸이 흙 속에 던져졌습니다.

15 We can't escape the constant humiliation;
shame is written across our faces.
16 All we hear are the taunts of our mockers.
All we see are our vengeful enemies.
17 All this has happened though we have not
forgotten you. We have not violated your
covenant.
18 Our hearts have not deserted you. We have
not strayed from your path.
19 Yet you have crushed us in the jackal's desert
home. You have covered us with darkness
and death.
20 If we had forgotten the name of our God or
spread our hands in prayer to foreign gods,
21 God would surely have known it, for he
knows the secrets of every heart.
22 But for your sake we are killed every day;
we are being slaughtered like sheep.
23 Wake up, O Lord! Why do you sleep? Get up!
Do not reject us forever.
24 Why do you look the other way? Why do you
ignore our suffering and oppression?
25 We collapse in the dust, lying face down in
the dirt.

15 **escape:** 벗어나다, 도망치다
humiliation: 굴욕
16 **vengeful:** 앙심을 품은
17 **violate:** 어기다
covenant: 언약
18 **desert:** 버리다
stray from: …에서 벗어나다
19 **jackal:** 자칼, 들개
20 **foreign:** 외국의, 이방의
21 **surely:** 확실히, 분명히
22 **for one's sake:** …을 위하여
slaughter: 도살하다
24 **ignore:** 무시하다, 모르는 체하다
oppression: 억압

15

16

17

18

19

20

21

22

23

24

25

26 일어나셔서 우리를 도우십시오. 주
의 변함없는 사랑으로 우리를 구
원해 주십시오.

왕의 결혼을 위한 노래 – 고라 자손의 마스길. 사랑의 노래. 백합화 곡조에 맞춰 지휘자를 따라 부른 노래

45 왕을 위해 시를 지으려니 내 마음
속에 좋은 생각들이 넘쳐납니다.
내 혀는 솜씨 좋은 작가의 붓과 같
습니다.
2 왕은 세상 누구보다도 훌륭하시며
왕의 입술은 우아한 말로 은혜가
넘치니, 이는 하나님께서 영원히 왕
에게 복 주신 까닭입니다.
3 힘있는 용사여, 허리에 칼을 차고
찬란한 위엄으로 옷을 입으십시오.
4 진리와 겸손과 의로움을 위하여
왕은 위엄 있게 승리하십시오. 왕
의 오른손으로 장엄한 일들을 나
타내십시오.
5 왕의 날카로운 화살이 원수의 심장
을 꿰뚫을 것이며, 모든 나라들이
왕 앞에 쓰러질 것입니다.
6 오 하나님, 주의 보좌는 영원히 있을
것입니다. 주께서 정의의 지휘봉으로
주의 왕국을 다스리실 것입니다.
7 왕은 옳은 것을 사랑하시고, 못된
행위들을 미워하십니다. 그래서 하
나님은 왕의 모든 친구들보다 왕
을 더 높이 세우시고 기쁨의 향유
를 부으셨습니다.

26 Rise up! Help us! Ransom us because of your
unfailing love.

For the choir director: A love song to be sung to the tune "Lilies." A psalm of the descendants of Korah.

45 Beautiful words stir my heart. I will recite a
lovely poem about the king, for my tongue is
like the pen of a skillful poet.
2 You are the most handsome of all. Gracious
words stream from your lips. God himself has
blessed you forever.
3 Put on your sword, O mighty warrior! You are
so glorious, so majestic!
4 In your majesty, ride out to victory, defending
truth, humility, and justice. Go forth to
perform awe-inspiring deeds!
5 Your arrows are sharp, piercing your
enemies' hearts. The nations fall beneath
your feet.
6 Your throne, O God, endures forever and ever.
You rule with a scepter of justice.
7 You love justice and hate evil. Therefore God,
your God, has anointed you, pouring out the
oil of joy on you more than on anyone else.

---

25 **collapse:** 무너지다
26 **ransom:** 속죄하다
1 **stir:** 일으키다, 움직이다
recite: 읊다, 낭독하다
skillful: 숙련된, 능숙한
2 **gracious:** 은혜로운
3 **majestic:** 위엄 있는
4 **humility:** 겸손
perform: 이행하다, 실행하다
awe-inspiring: 외경심을 일으키는
5 **pierce:** 꿰뚫다
beneath: 밑에, 아래에
6 **endure:** 지속하다
scepter: 지팡이, 규

26

For the choir director: A love song to be sung to the tune "Lilies."

A psalm of the descendants of Korah.

45

2

3

4

5

6

7

45:8~45:17 | PSALMS

8 왕이 입은 옷은 몰약과 침향과 계피
냄새로 향기롭습니다. 상아로 장식
한 궁궐에서 현악기의 음악이 흘러
나와 왕의 마음을 흐뭇하게 합니다.
9 왕이 사랑하는 여자들 가운데는 여
러 나라의 공주들이 있습니다. 왕의
오른쪽에는 오빌의 순금으로 꾸민
왕의 신부가 있습니다.
10 따님이여, 내 말에 귀를 기울여 보
시오. 당신의 민족과 당신의 아버지
집은 다 잊어 버리시오.
11 왕께서 당신의 아름다움에 흐뭇해하
시니 그분을 공경하시오. 왜냐하면
그분은 당신의 주인이시기 때문이오.
12 두로 사람들이 선물을 가지고 올 것
입니다. 부자들이 당신의 호의를 요
구할 것입니다.
13 왕궁에 있는 공주가 더할 나위 없이
아름답습니다. 그녀의 겉옷은 금실
로 짠 것입니다.
14 수놓은 옷을 입은 공주가 왕께 나
아갈 것입니다. 그녀의 친구들도 왕
께 나아갈 것입니다.
15 즐거움과 기쁨으로 그들이 왕궁으
로 들어갈 것입니다.
16 왕은 아들들을 낳아 왕의 자리를
잇게 할 것입니다. 왕은 그 자손들에
게 온 땅을 다스리게 할 것입니다.
17 내가 이제부터 왕에 대한 기억을 대
대로 전하겠습니다. 그리하여 온 나
라가 언제나 왕을 찬양하게 될 것입

8 Myrrh, aloes, and cassia perfume your
robes. In ivory palaces the music of strings
entertains you.
9 Kings' daughters are among your noble
women. At your right side stands the
queen, wearing jewelry of finest gold
from Ophir!
10 Listen to me, O royal daughter; take to heart
what I say. Forget your people and your
family far away.
11 For your royal husband delights in your
beauty; honor him, for he is your lord.
12 The princess of Tyre will shower you with
gifts. The wealthy will beg your favor.
13 The bride, a princess, looks glorious in her
golden gown.
14 In her beautiful robes, she is led to the king,
accompanied by her bridesmaids.
15 What a joyful and enthusiastic procession as
they enter the king's palace!
16 Your sons will become kings like their father.
You will make them rulers over many lands.
17 I will bring honor to your name in every
generation. Therefore, the nations will praise

8 **myrrh:** 몰약
cassia: 카시아계피
entertain: 즐겁게 하다
9 **noble:** 귀족의
10 **take to heart:** 마음에 두다
far away: 멀리, 멀리 떨어져있는
12 **shower A with B:** A에게 B를 듬뿍 주다
wealthy: 부자인, 부유한
beg: 구하다, 청하다
13 **glorious:** 눈부시게 아름다운, 화려한
14 **accompany:** 동행하다, 함께 …하다
bridesmaid: 신부 들러리
15 **enthusiastic:** 열렬한
procession: 행렬

8

9

10

11

12

13

14

15

16

17

니다.

택한 사람을 보호하시는 하나님 – 고라 자손의 시. 알라못에 맞춰 지휘자를 따라 부른 노래

46 하나님은 우리의 피난처시며 힘이십니다. 어려울 때에 언제나 우리를 돕는 분이십니다.
2 그래서 우리는 땅이 흔들려도, 산들이 바닷속으로 무너져 내려도
3 바닷물이 넘실거리고, 파도가 치고, 사나운 바다에 산들이 흔들려도 두려워하지 않을 것입니다. (셀라)
4 가장 높으신 분이 사시는 성소, 하나님의 성에 기쁨을 가져다 주는 시내가 하나 있습니다.
5 하나님이 그 성 안에 계시므로, 그 성이 흔들리지 않을 것입니다. 하나님께서 새벽부터 그 성을 도우실 것입니다.
6 나라들이 떨며 왕국들마다 흔들거립니다. 그가 목소리를 높이시자, 땅이 녹아 내립니다.
7 만군의 여호와가 우리와 함께 계십니다. 야곱의 하나님은 우리의 피난처이십니다. (셀라)
8 와서 여호와께서 하신 일을 보십시오. 주께서 이 땅을 폐허가 되게 하셨습니다.
9 주는 온 땅에서 전쟁을 그치시고 활을 꺾으시고 창을 부러뜨리시며 방패를 불로 사르십니다.

you forever and ever.

For the choir director: A song of the descendants of Korah, to be sung by soprano voices.

46 God is our refuge and strength, always ready to help in times of trouble.
2 So we will not fear when earthquakes come and the mountains crumble into the sea.
3 Let the oceans roar and foam. Let the mountains tremble as the waters surge! *Interlude*
4 A river brings joy to the city of our God, the sacred home of the Most High.
5 God dwells in that city; it cannot be destroyed. From the very break of day, God will protect it.
6 The nations are in chaos, and their kingdoms crumble! God's voice thunders, and the earth melts!
7 The LORD of Heaven's Armies is here among us; the God of Israel is our fortress. *Interlude*
8 Come, see the glorious works of the LORD: See how he brings destruction upon the world.
9 He causes wars to end throughout the earth. He breaks the bow and snaps the spear; he burns the shields with fire.

1 **refuge:** 피난처
2 **earthquake:** 지진
crumble: 부서지다, 가루가 되다
roar: 으르렁거리다
3 **tremble:** 떨다
surge: 밀려오다
4 **sacred:** 신성한
5 **dwell:** 살다, 있다, 머무르다
6 **chaos:** 카오스, 혼란, 혼돈
melt: 녹다
7 **fortress:** 요새
8 **destruction:** 파괴, 멸망
9 **throughout:** 도처에
snap: 툭하고 끊다

For the choir director: A song of the descendants of Korah,

to be sung by soprano voices.

46

2

3

4

5

6

7

8

9

10 "조용히 하여라. 내가 하나님인 것을 알라. 나는 모든 나라들 위에 높임을 받을 것이며, 온 지구상에서 가장 높은 자가 될 것이다."
11 만군의 여호와가 우리와 함께 계십니다. 야곱의 하나님은 우리의 피난처이십니다. (셀라)

세계의 왕이신 하나님 – 고라 자손의 시. 지휘자를 따라 부른 노래

47 너희 모든 나라들아, 손뼉을 쳐라. 기뻐하며 하나님께 외쳐라.
2 온 땅을 다스리시는 위대한 왕, 가장 높으신 여호와는 얼마나 장엄하신 분인가!
3 그분은 나라들을 우리 발 아래 엎드리게 하셨으며, 우리 발 밑에 굴복하게 하셨습니다.
4 그분은 우리가 물려받을 땅을 정하셨습니다. 우리는 하나님께서 사랑하셨던 야곱의 자랑거리입니다. (셀라)
5 기뻐 외치는 소리 가운데 하나님께서 올라가셨으며 나팔 소리가 울릴 때에 여호와께서 올라가셨습니다.
6 하나님께 찬양의 노래를 드리십시오. 그를 찬송하십시오. 우리의 왕께 찬양의 노래를 드리십시오. 그를 찬송하십시오.
7 하나님은 온 땅의 왕이십니다. 그분께 찬송의 시로 노래하십시오.
8 하나님은 모든 나라들을 다스리십니다. 하나님은 자신의 거룩한 보좌에 앉아 계십니다.

10 "Be still, and know that I am God! I will be honored by every nation. I will be honored throughout the world."
11 The LORD of Heaven's Armies is here among us; the God of Israel is our fortress. *Interlude*

For the choir director: A psalm of the descendants of Korah.

47 Come, everyone! Clap your hands! Shout to God with joyful praise!
2 For the LORD Most High is awesome. He is the great King of all the earth.
3 He subdues the nations before us, putting our enemies beneath our feet.
4 He chose the Promised Land as our inheritance, the proud possession of Jacob's descendants, whom he loves. *Interlude*
5 God has ascended with a mighty shout. The LORD has ascended with trumpets blaring.
6 Sing praises to God, sing praises; sing praises to our King, sing praises!
7 For God is the King over all the earth. Praise him with a psalm.
8 God reigns above the nations, sitting on his holy throne.

---

11 **Interlude:** 히브리어 '셀라'의 번역
1 **clap one's hands:** 손뼉치다
2 **awesome:** 두려움(경외심)을 느끼게 하는
3 **subdue:** 정복하다
beneath: 밑에, 아래에
4 **inheritance:** 유산
possession: 소유
descendant: 후손
5 **ascend:** 올라가다
mighty: 강력한, 힘이 있는
blare: (나팔, 경적 등이) 울리다
7 **psalm:** 시편, 성가, 찬송
8 **reign:** 통치하다
throne: 왕위, 왕좌

10

11

For the choir director: A psalm of the descendants
of Korah.

47

2

3

4

5

6

7

8

9 모든 나라들의 귀족들이 아브라
함의 하나님의 백성이 되어 함께
모입니다. 그것은 땅 위의 왕들이
하나님께 속하였기 때문입니다. 그
분은 가장 위대하게 높임을 받으
십니다.

하나님의 성, 예루살렘 – 고라 자손의 시, 곧 노래

48 여호와는 위대하십니다. 우리 하
나님의 성, 그분의 거룩한 산 위에
서 찬양을 받으실 분이십니다.
2 그 성은 터가 높고 아름다우며 온
세상에 기쁨이 됩니다. 시온 산은
북방의 가장 높은 산과 같습니다.
그곳은 위대한 왕이 계신 성입니다.
3 하나님께서 그 성 안 궁궐에 계십
니다. 하나님께서 스스로 피난처
가 되어 주셨습니다.
4 수많은 왕들이 모여 그 성을 치러
왔습니다.
5 그러나 그 성을 보고 그들은 깜짝
놀라서 무서워하며 달아났습니다.
6 두려움이 덮치자, 아이를 낳는 여
자처럼 그들이 고통하였습니다.
7 동풍에 부서지는 다시스의 배들처
럼 주께서 그들을 깨뜨리셨습니다.
8 전능하신 여호와의 성 안에서 우
리가 귀로 들었습니다. 우리 하나
님의 성 안에서 우리가 눈으로 보
았습니다. 하나님께서는 항상 그
성을 안전하게 하신다는 것을 우

9 The rulers of the world have gathered together
with the people of the God of Abraham. For
all the kings of the earth belong to God. He is
highly honored everywhere.

A song. A psalm of the descendants of Korah.

48 How great is the LORD, how deserving of praise,
in the city of our God, which sits on his holy
mountain!
2 It is high and magnificent; the whole earth
rejoices to see it! Mount Zion, the holy
mountain, is the city of the great King!
3 God himself is in Jerusalem's towers, revealing
himself as its defender.
4 The kings of the earth joined forces and
advanced against the city.
5 But when they saw it, they were stunned; they
were terrified and ran away.
6 They were gripped with terror and writhed in
pain like a woman in labor.
7 You destroyed them like the mighty ships of
Tarshish shattered by a powerful east wind.
8 We had heard of the city's glory, but now we
have seen it ourselves–the city of the LORD of
Heaven's Armies. It is the city of our God; he

9 **gather:** 끌어 모으다
1 **deserving:** 마땅히 …을 받을 만한
2 **magnificent:** 장엄한
3 **reveal:** 계시하다, 드러내다
defender: 옹호자
4 **join forces:** 힘을 합치다
advance against: …을 향해 진격하다
5 **stunned:** 어리벙벙하게 하는, 놀라게 하는
run away: 달아나다
6 **grip:** 움켜잡다
writhe in pain: 고통으로 몸부림치다
in labor: 아이를 낳는 중인
7 **Tarshish:** 다시스
shattered: 산산이 부서진

9

A song. A psalm of the descendants of Korah.

48

2

3

4

5

6

7

8

리가 듣고 보았습니다. (셀라)
9 오 하나님, 주의 성전 안에서 주의 한결같은 사랑을 우리가 생각합니다.
10 오 하나님, 주의 이름이 온 땅에 알려진 것처럼 주를 향한 찬양이 온 땅에 퍼집니다. 주의 오른손은 의로움으로 가득합니다.
11 주의 판단은 항상 바르기 때문에 시온 산이 즐거워하며 유다의 온 동네가 기뻐합니다.
12 너희는 시온을 둘러보고, 그 주위를 걸어 보아라. 그리고 그 망대들을 세어 보아라.
13 그 성벽들을 자세히 보고 그 성 안의 궁궐들을 살펴보아라. 그리고 자손들에게 그것들에 관해 말해 주어라.
14 이 하나님은 영원히, 영원히 우리의 하나님이시다. 이분께서 앞으로 끝까지 우리를 인도하실 것이다.

돈을 믿는 어리석음 - 고라 자손의 시. 지휘자를 따라 부른 노래

49 사람들이여, 이 말을 잘 들으십시오. 귀를 기울이십시오. 이 땅에 사는 모든 사람들이여,
2 높은 사람이나 낮은 사람이나 부자나 가난한 사람이나 다 들어 보십시오.
3 나의 입은 지혜를 말하겠고, 내 마음은 명철에 관한 것을 말하겠습니다.
4 내가 지혜로운 말에 귀를 기울이고 수금을 타면서 나의 수수께끼

will make it safe forever. *Interlude*
9 O God, we meditate on your unfailing love as
we worship in your Temple.
10 As your name deserves, O God, you will be
praised to the ends of the earth. Your strong
right hand is filled with victory.
11 Let the people on Mount Zion rejoice. Let all
the towns of Judah be glad because of your
justice.
12 Go, inspect the city of Jerusalem. Walk around
and count the many towers.
13 Take note of the fortified walls, and tour all the
citadels, that you may describe them to future
generations.
14 For that is what God is like. He is our God forever
and ever, and he will guide us until we die.

For the choir director: A psalm of the descendants of Korah.

49 Listen to this, all you people! Pay attention,
everyone in the world!
2 High and low, rich and poor–listen!
3 For my words are wise, and my thoughts are
filled with insight.
4 I listen carefully to many proverbs and solve

9 **meditate on:** …에 대해 묵상하다
10 **deserve:** 자격, 그럴 만하다
be filled with: …로 가득하다
12 **inspect:** 시찰하다, 살피다
13 **fortified:** 요새화 된
citadel: 성
describe: 묘사하다
future: 미래의, 장래의
14 **forever and ever:** 영원히
1 **pay attention:** 주의를 기울이다
3 **insight:** 통찰, 통찰력
4 **carefully:** 주의 깊게, 신중히
proverb: 격언, 잠언
riddle: 수수께끼

9

10

11

12

13

14

For the choir director: A psalm of the descendants
of Korah.

49

2

3

4

를 풀 것입니다.
5 불행할 때에 내가 어찌 두려워하겠습니까? 간사하게 속이는 자들이 나를 둘러칠 때에 어찌 내가 무서워하겠습니까?
6 그들은 자기들의 돈을 믿고 사는 사람들이며, 자기들의 재물을 자랑하는 사람들입니다.
7 사람은 자신의 목숨을 돈 주고 살 수 없으며, 하나님께 목숨을 사겠다고 돈을 낼 수도 없습니다.
8 사람의 생명 값은 너무도 비싸며, 아무리 많이 내어도 살 수 없습니다.
9 돈을 많이 낸다고 사람이 영원히 살고, 돈이 많다고 죽지 않는 것은 아닙니다.
10 보십시오. 지혜 있는 사람도 죽고, 어리석은 사람도, 멍청한 사람도 모두 죽습니다.
11 무덤이 영원히 그들의 집이 될 것이며, 묘지가 대대로 그들이 사는 집이 될 것입니다. 그들의 이름으로 땅을 사지만 결국 다른 사람들이 그 땅을 차지하게 될 것입니다.
12 사람이 아무리 돈이 있어도 영원히 살지는 못합니다. 동물들처럼 그들도 죽을 것입니다.
13 이것이 자신을 굳게 믿는 사람들에게 일어나는 일이며, 그들의 말을 따르는 사람들이 치르는 대가입니다. (셀라)
14 그들은 양같이 죽음 앞에 엎드릴 것이며, 사망이 그들을 치며 다스릴 것입니다. 아침이 되면 정직한 사람들

riddles with inspiration from a harp.
5 Why should I fear when trouble comes, when enemies surround me?
6 They trust in their wealth and boast of great riches.
7 Yet they cannot redeem themselves from death by paying a ransom to God.
8 Redemption does not come so easily, for no one can ever pay enough
9 to live forever and never see the grave.
10 Those who are wise must finally die, just like the foolish and senseless, leaving all their wealth behind.
11 The grave is their eternal home, where they will stay forever. They may name their estates after themselves,
12 but their fame will not last. They will die, just like animals.
13 This is the fate of fools, though they are remembered as being wise. *Interlude*
14 Like sheep, they are led to the grave, where death will be their shepherd. In the morning the godly will rule over them. Their bodies will rot in the grave, far from their grand estates.

4 **inspiration:** 영감
6 **wealth:** 부, 재산
boast of: …을 자랑하다
7 **redeem:** 구속하다
ransom: 몸값
8 **redemption:** 구속
9 **grave:** 무덤
10 **senseless:** 어리석은
11 **eternal:** 영원한
name A after B: B의 이름을 따서 A를 명명하다
estate: 소유권
13 **fate:** 운명
14 **shepherd:** 목자
rot: 썩다, 상하다

5

6

7

8

9

10

11

12

13

14

이 그들을 다스릴 것입니다. 그들의
육체는 무덤에 묻혀 썩어질 것입니
다. 무덤이 그들에게 호화스런 저택
이 될 것입니다.
15 그러나 하나님은 내 영혼을 무덤에
서 건지실 것입니다. 이는 그분이 나
를 붙드시기 때문입니다. (셀라)
16 어떤 사람이 부자가 된다고 하여, 두려
워하지 마십시오. 어떤 집이 번성한다고
하여 못마땅하게 생각하지 마십시오.
17 그것은 사람은 죽을 때에 자기 소유를
가져가지 못하고, 그가 쌓은 영광이 그
사람을 따라가지 못하기 때문입니다.
18 그는 살아 있을 때만 자기가 복받은
사람이라 생각하고, 사람들은 모든
일들이 잘 될 때에 그를 칭찬할 것입
니다.
19 그러나 그는 반드시 그 조상들이 있는
곳으로 돌아갈 것입니다. 그는 더 이
상 빛을 보지 못할 것입니다.
20 사람이 아무리 돈이 있어도 깨닫지 못
하면 멸망하는 동물들과 같습니다.

하나님이 원하시는 진정한 예배 – 아삽의 시

50 전능하신 하나님, 여호와께서 해뜨는
데부터 해지는 곳을 향해 말씀하시고
온 세상을 향해 부르십니다.
2 더할 나위 없이 아름다운 시온으로
부터 하나님께서 빛을 비추십니다.
3 우리 하나님이 오실 때에 가만히 계
시지 않을 것입니다. 불길이 하나님

15 But as for me, God will redeem my life. He
will snatch me from the power of the grave.
Interlude
16 So don't be dismayed when the wicked grow
rich and their homes become ever more
splendid.
17 For when they die, they take nothing with
them. Their wealth will not follow them into
the grave.
18 In this life they consider themselves fortunate
and are applauded for their success.
19 But they will die like all before them and
never again see the light of day.
20 People who boast of their wealth don't
understand; they will die, just like animals.

A psalm of Asaph.

50 The LORD, the Mighty One, is God, and
he has spoken; he has summoned all
humanity from where the sun rises to
where it sets.
2 From Mount Zion, the perfection of beauty,
God shines in glorious radiance.
3 Our God approaches, and he is not silent.
Fire devours everything in his way, and a

15 **snatch:** 잡아채다
16 **dismay:** 당황하게 하다
splendid: 화려한
18 **consider:** 생각하다
fortunate: 운이 좋은
applaud: 칭찬하다
1 **humanity:** 인간, 인류
summoned: 소환하다, 명하다
2 **the perfection:** 완전한 경지에 이른 것
radiance: 광채
3 **approach:** 다가가다, 접근하다
silent: 조용한, 말 없는
devour: (불이) 파멸시키다
rage: 휘몰아치다

15

16

17

18

19

20

A psalm of Asaph.

50

2

3

앞에서 타오르고 사나운 바람이
하나님을 둘러쌀 것입니다.
4 하나님께서 자기 백성을 심판하시는 것
을 보이시려 하늘과 땅을 부르십니다.
5 "희생 제사를 통해 나와 언약을 맺
은 자들아, 내게 바쳐진 자들아, 다
함께 내게 모여라."
6 그러자 하늘들이 하나님의 의로우심
을 선포합니다. 그것은 하나님 자신
이 재판관이시기 때문입니다. (셀라)
7 "내 백성아, 들어라. 내가 말하련다.
이스라엘이여, 내가 네 잘못에 대해,
증언할 것이다. 나는 하나님, 곧 너의
하나님이다.
8 나는 네가 드리는 제사를 탓하지 않
는다. 네가 언제나 내게 태워 바치는
번제를 꾸짖지 않는다.
9 나는 네 외양간의 소나 네 우리 속에
있는 염소를 바라지 않는다.
10 그것은 숲에 있는 온갖 동물이 다
나의 것이며, 언덕 위에 있는 수많은
소가 다 나의 것이기 때문이다.
11 나는 산 위에 있는 모든 새들을 알고
있다. 들판에 살아 있는 것들이 다
나의 것이다.
12 내가 배고프다 할지라도, 너희에게 말
하지 않을 것이다. 땅과 그 위에 있는
모든 것이 다 나의 것이기 때문이다.
13 내가 소의 고기를 먹더냐? 내가 염
소의 피를 마시더냐?
14 하나님께 감사하는 제사를 드려라. 가장

great storm rages around him.
4 He calls on the heavens above and earth
below to witness the judgment of his people.
5 "Bring my faithful people to me–those
who made a covenant with me by giving
sacrifices."
6 Then let the heavens proclaim his justice, for
God himself will be the judge. *Interlude*
7 "O my people, listen as I speak. Here are my
charges against you, O Israel: I am God, your
God!
8 I have no complaint about your sacrifices or
the burnt offerings you constantly offer.
9 But I do not need the bulls from your barns or
the goats from your pens.
10 For all the animals of the forest are mine, and
I own the cattle on a thousand hills.
11 I know every bird on the mountains, and all
the animals of the field are mine.
12 If I were hungry, I would not tell you, for all
the world is mine and everything in it.
13 Do I eat the meat of bulls? Do I drink the
blood of goats?
14 Make thankfulness your sacrifice to God, and

5 **make a covenant with:** …와 언약을 맺다
faithful: 충실한, 신실한
sacrifice: 산 제물
6 **proclaim:** 선포하다, 공포하다
8 **complaint:** 불만
burnt offering: 번제, 제단 위에서 구워 바치는 제물
constantly: 계속해서
9 **bull:** 황소
barn: 외양간, 헛간
goat: 염소
10 **cattle:** 소
14 **thankfulness:** 고마움
vow: 맹세, 서약
the Most High : 지존자, 하나님

4

5

6

7

8

9

10

11

12

13

14

50:15~50:23 | PSALMS

높으신 분께 네가 서약한 것을 갚아라.
15 그리고 어려울 때에 내게 부르짖어라. 내가 너를 건지겠고, 그러면 네가 나를 높일 것이다."
16 그러나 하나님께서 못된 사람들에게는 이렇게 말씀하십니다. "너희가 무슨 권리로 나의 율법을 읽느냐? 너희가 무슨 권리로 내 언약에 대해 말하느냐?
17 너희는 나의 가르침을 미워하고, 내가 하는 말에 등을 돌린다.
18 도둑을 보면 그와 함께 어울리고, 간음하는 자들 편에 선다.
19 입으로 나쁜 말을 하며 너희 혀는 거짓말을 꾸며 댄다.
20 너희 형제에 대해서는 계속해서 헐뜯고 다니고, 너희와 한 핏줄인 사람에 대해서도 비난하고 다닌다.
21 너희가 이러한 일을 할 때에도 나는 잠잠히 있었다. 아마 너희는 나를 너희와 똑같이 생각했을 것이다. 그러나 이제 내가 너희를 꾸짖으며 너희의 죄를 하나하나 드러낼 것이다."
22 "하나님을 잊어버린 너희들아, 이것을 기억하여라. 그렇지 않으면 내가 너희 몸을 찢을 것이니, 아무도 너를 구원할 수 없을 것이다.
23 감사의 제사를 드리는 사람이 나를 높이고 길을 예비하는 자이니 내가 그들에게 하나님의 구원을 보여 줄 것이다."

용서해 달라는 기도 - 지휘자를 따라 부른 노래. 다윗의 시. 다윗이 밧세바와 동

keep the vows you made to the Most High.
15 Then call on me when you are in trouble, and
I will rescue you, and you will give me glory."
16 But God says to the wicked: "Why bother
reciting my decrees and pretending to obey
my covenant?
17 For you refuse my discipline and treat my
words like trash.
18 When you see thieves, you approve of them,
and you spend your time with adulterers.
19 Your mouth is filled with wickedness, and
your tongue is full of lies.
20 You sit around and slander your brother–
your own mother's son.
21 While you did all this, I remained silent,
and you thought I didn't care. But now I will
rebuke you, listing all my charges against you.
22 Repent, all of you who forget me, or I will
tear you apart, and no one will help you.
23 But giving thanks is a sacrifice that truly
honors me. If you keep to my path, I will
reveal to you the salvation of God."

For the choir director: A psalm of David, regarding the time Nathan the prophet came to him after

---

16 **the wicked:** 악인
recite: 낭독하다
pretend: …인 체하다
17 **discipline:** 징계
treat A like B: A를 B처럼 간주하다
trash: 허튼소리, 시시한 이야기
18 **thieve:** 도둑
approve: 인정하다
adulterer: 간부, 간통자
20 **sit around:** 하는 일 없이 보내다
slander: 헐뜯다
21 **rebuke:** 꾸짖다
22 **repent:** 회개하다, 뉘우치다
23 **reveal:** 계시하다, 드러내다

15

16

17

18

19

20

21

22

23

For the choir director: A psalm of David, regarding
the time Nathan the prophet came to him after

51:1~51:10 | PSALMS

침한 후 예언자 나단이 그에게 왔을 때

51 오 하나님, 주의 한결같은 사랑으
로 내게 자비를 베풀어 주소서. 나
를 불쌍히 여겨 주셔서 내 모든 잘
못을 없애 주소서.
2 내 모든 죄악들을 다 씻으시고 내
모든 죄들을 깨끗하게 해 주소서.
3 내가 저지른 잘못들을 알고 있으니,
내 죄가 항상 내 앞에 있습니다.
4 내가 주께 죄를 지어 주께서 보시
기에 악한 짓을 했습니다. 그러므
로 주께서 내게 뭐라고 하셔도 주
의 말씀이 옳으며 주께서 내리신
판단이 바릅니다.
5 그렇습니다! 나는 태어날 때부터 죄
투성이었습니다. 어머니가 나를 임신
했을 때부터 나는 죄인이었습니다.
6 주는 정말로 내 속에 진실이 있기
를 바라십니다. 주는 내 마음속에
지혜를 가르치십니다.
7 우슬초로 나를 씻겨 주소서. 그러
면 내가 깨끗해질 것입니다. 나를
씻어 주소서. 그러면 내가 눈보다
더 하얗게 될 것입니다.
8 내 귀에 기쁨과 즐거움의 소리가 들
리게 해 주소서. 주께서 꺾으셨던
내 뼈들이 즐거워하게 해 주소서.
9 내 죄에서 주의 얼굴을 돌리시고
내 모든 죄를 없애 주소서.
10 오 하나님, 내 속에 깨끗한 마음을
만들어 주시고 내 안에 올바른 마

David had committed adultery with Bathsheba.

51 Have mercy on me, O God, because of
your unfailing love. Because of your great
compassion, blot out the stain of my sins.
2 Wash me clean from my guilt. Purify me from
my sin.
3 For I recognize my rebellion; it haunts me day
and night.
4 Against you, and you alone, have I sinned; I
have done what is evil in your sight. You will
be proved right in what you say, and your
judgment against me is just.
5 For I was born a sinner–yes, from the moment
my mother conceived me.
6 But you desire honesty from the womb,
teaching me wisdom even there.
7 Purify me from my sins, and I will be clean;
wash me, and I will be whiter than snow.
8 Oh, give me back my joy again; you have
broken me–now let me rejoice.
9 Don't keep looking at my sins. Remove the
stain of my guilt.
10 Create in me a clean heart, O God. Renew a
loyal spirit within me.

1 **compassion:** 긍휼
blot out: 없애다, 지우다
stain: 얼룩, 때
2 **guilt:** 죄
purify: 깨끗이 하다, 정화하다
3 **recognize:** 인식하다, 알다
rebellion: 반약, 모반
haunt: (생각 등이) 늘 따라다니다
5 **conceive:** 임신하다
6 **womb:** 자궁
9 **keep …ing:** 계속 …하다
remove: 지우다, 없애다
10 **renew:** …을 다시 만들다, 재개하다
loyal: 정직한, 고결한

David had committed adultery with Bathsheba.

51

2

3

4

5

6

7

8

9

10

음을 새롭게 해 주소서.
11 나를 주 앞에서 쫓아내지 마시고, 주
의 성령을 내게서 거두어 가지 마소서.
12 주의 구원에 대한 기쁨을 내게 다시
주셔서 내가 주께 순종하게 하소서.
13 그러면 내가 나쁜 일을 하는 사람들
에게 주의 길을 가르치겠습니다. 그
렇게 되면 죄인들이 주께로 돌아올
것입니다.
14 오 하나님, 사람을 죽인 죄에서 나를
건져 주소서. 하나님, 주는 나를 구원
하시는 분이시니 내 입이 주의 의로우
심을 노래할 것입니다.
15 오 주여, 주께서 제 입술을 열어 주
셔서 제가 주를 찬양하게 하소서.
16 주는 제사를 기뻐하시지 않습니다.
제사를 좋아하신다면 제가 드릴 것
이지만, 주는 태워 드리는 제사인
번제를 좋아하지 않으십니다.
17 하나님께서 바라시는 제사는 깨어진
마음입니다. 오 하나님, 상처난 가슴
과 죄를 뉘우쳐 주님께 고백하는 마
음을 주는 경멸하지 않으실 것입니다.
18 주의 은혜로 시온을 번성케 해 주시
고 예루살렘 성벽들을 쌓아 주소서.
19 그러면 주께서 의로운 제사와 깨끗
한 번제를 받으시고 기뻐하실 것이
며 수소도 주의 제단 위에 바쳐질
것입니다.

의인의 승리 – 지휘자를 따라 부른
노래. 다윗의 마스길. 에돔 사람 도엑

11 Do not banish me from your presence, and
don't take your Holy Spirit from me.
12 Restore to me the joy of your salvation, and
make me willing to obey you.
13 Then I will teach your ways to rebels, and
they will return to you.
14 Forgive me for shedding blood, O God
who saves; then I will joyfully sing of your
forgiveness.
15 Unseal my lips, O Lord, that my mouth may
praise you.
16 You do not desire a sacrifice, or I would offer
one. You do not want a burnt offering.
17 The sacrifice you desire is a broken spirit. You
will not reject a broken and repentant heart,
O God.
18 Look with favor on Zion and help her; rebuild
the walls of Jerusalem.
19 Then you will be pleased with sacrifices
offered in the right spirit—with burnt
offerings and whole burnt offerings. Then
bulls will again be sacrificed on your altar.

For the choir director: A psalm of David,
regarding the time Doeg the Edomite said

11 **banish:** 추방하다, 내쫓다
12 **restore:** 회복하다, 복원하다
salvation: 구원
willing to: 기꺼이 …하다
obey: 순종하다
13 **rebel:** 반역자
14 **shed:** 흘리다
forgiveness: 용서, 관대함
15 **unseal:** 열다
16 **sacrifice:** 제사
17 **repentant:** 회개하는
18 **favor:** 호의, 지지
19 **be pleased with:** …을 좋아하다
altar: 제단

11

12

13

14

15

16

17

18

19

For the choir director: A psalm of David, regarding
the time Doeg the Edomite said to saul,

이 사울에게 와서 '다윗이 아히멜렉의 집에 있다'고 말하던 때

52 힘센 자여, 왜 당신은 악한 계획을 자랑합니까? 왜 당신은 하루 종일 으스대고 다닙니까? 당신은 하나님의 눈 밖에 난 사람입니다.

2 당신의 혀는 파멸을 만들어 냅니다. 거짓된 일을 하는 자여! 당신의 혀는 날카로운 면도날 같습니다.

3 당신은 착한 일보다 악한 일을 더 좋아하고, 진실을 말하기보다는 거짓을 더 좋아합니다. (셀라)

4 당신은 온갖 해로운 말을 즐기며 거짓말하는 혀를 좋아합니다.

5 하나님께서 반드시 당신을 영원히 망하게 하실 것입니다. 그분이 당신을 낚아채어 집 바깥으로 내어 쫓으실 겁니다. 그분이 살아 있는 사람들의 땅에서 당신을 뿌리째 뽑아 버릴 것입니다. (셀라)

6 의로운 사람들이 이것을 보고 하나님을 두려워할 것입니다. 그들이 당신을 비웃고 이렇게 말할 것입니다.

7 "하나님을 자신의 피난처로 삼지 않았던 사람에게 어떠한 일이 일어났는지 보십시오! 하나님 대신에 자신의 많은 재산을 믿고 다른 사람을 파멸시키면서 점점 힘을 키워 간 사람을 보십시오!"

8 나는 하나님의 집에서 자라는 올리브 나무 같습니다. 나는 하나님의 한결같

to Saul, "David has gone to see Ahimelech."

52 Why do you boast about your crimes, great warrior? Don't you realize God's justice continues forever?

2 All day long you plot destruction. Your tongue cuts like a sharp razor; you're an expert at telling lies.

3 You love evil more than good and lies more than truth. *Interlude*

4 You love to destroy others with your words, you liar!

5 But God will strike you down once and for all. He will pull you from your home and uproot you from the land of the living. *Interlude*

6 The righteous will see it and be amazed. They will laugh and say,

7 "Look what happens to mighty warriors who do not trust in God. They trust their wealth instead and grow more and more bold in their wickedness."

8 But I am like an olive tree, thriving in the house of God. I will always trust in God's unfailing love.

---

1 **boast about:** …을 자랑하다
crime: 죄
warrior: 전사
2 **plot:** 모의하다
destruction: 멸망
razor: 면도날
4 **destroy:** 파괴하다
5 **strike down:** 때려눕히다, 죽이다
once and for all: 단호하게, 한번만
uproot A from B: A를 B에서 뿌리째 뽑다
6 **righteous:** 의로운
7 **trust in:** …을 의지하다
instead: 대신에
8 **thrive:** 번성하다

"David has gone to see Ahimelech."

52

2

3

4

5

6

7

8

은 사랑을 언제까지나 굳게 믿습니다.
9 주께서 하신 일에 대해 내가 언제까
지나 주를 찬송하겠습니다. 내가 주
의 이름에 소망을 두는 것은 주가
선하시기 때문입니다. 주의 성도들
과 함께 주를 찬송하겠습니다.

믿지 않는 어리석음 - 다윗의 마스길. 마할랏에 맞춰 지휘자를 따라 부른 노래

53 어리석은 자는 마음속으로 "하나님은
없다"라고 말합니다. 그들은 썩었으며
그들의 행위는 더럽습니다. 착한 일을
하는 사람이 아무도 없습니다.
2 하나님께서는 하늘에서 땅의 사람들
을 굽어보십니다. 이는 깨달음이 있는
사람들이 있는지 하나님을 찾는 사람
이 있는지 살펴보고자 하심입니다.
3 그러나 모든 사람들이 뒤돌아 서서
잘못된 길로 갔습니다. 그들 모두는
썩었으며, 착한 일을 하는 사람이
하나도 없습니다.
4 악한 자들이 언제쯤 깨닫겠는가?
내 백성을 빵 먹듯이 먹어 버리고
내 이름을 부르지 않는데, 어떻게
깨달을 수 있겠는가?
5 아무것도 두려워할 것이 없는데, 악
한 자들은 두려워 떨 것입니다. 하나
님께서 여러분을 공격하는 원수들
의 뼈를 부술 것입니다. 하나님께서
그들을 버리셨으므로, 여러분은 그
들을 쓰러뜨릴 수 있습니다.
6 이스라엘을 위한 구원이 시온으로

9 I will praise you forever, O God, for what
you have done. I will trust in your good
name in the presence of your faithful
people.

For the choir director: A meditation; a psalm of David.

53 Only fools say in their hearts, "There is no
God." They are corrupt, and their actions are
evil; not one of them does good!
2 God looks down from heaven on the entire
human race; he looks to see if anyone is truly
wise, if anyone seeks God.
3 But no, all have turned away; all have
become corrupt. No one does good, not a
single one!
4 Will those who do evil never learn? They eat
up my people like bread and wouldn't think
of praying to God.
5 Terror will grip them, terror like they have
never known before. God will scatter the
bones of your enemies. You will put them to
shame, for God has rejected them.
6 Who will come from Mount Zion to rescue
Israel? When God restores his people,

9 **in the presence of:** …의 면전에서
1 **in one's heart:** 마음속으로
corrupt: 타락한
2 **look down:** 내려다보다
entire: 전체의
3 **turn away:** …을 외면하다, 지지하지 않다
4 **eat up:** …을 다 먹어버리다
5 **terror:** 공포
grip: 꽉 잡다
scatter: 흩어버리다
put … to shame: …을 부끄럽게 만들다
reject: 거절하다
6 **rescue:** 구출하다
restore: 회복하다

9

For the choir director: A meditation; a psalm

of David.

53

2

3

4

5

6

부터 올 것입니다! 하나님께서 그
의 백성의 운명을 회복시키실 때
에 야곱은 즐거워할 것이고, 이스
라엘은 기뻐할 것입니다.

도와 달라는 기도 – 현악에 맞춰 지
휘자를 따라 부른 노래. 다윗의 마스
길. 십 사람이 사울에게 가서 '다윗이
우리 중에 숨어 있다'라고 말하던 때

54 오 하나님, 주의 이름으로 나를
구원해 주소서. 주의 힘으로 나를
변호해 주소서.
2 오 하나님, 나의 기도를 들으시고
내 말에 귀 기울여 주소서.
3 낯선 사람들이 나를 공격합니다.
무자비한 사람들이 내 생명을 찾
습니다. 그들은 하나님을 무시하
는 자들입니다. (셀라)
4 하나님은 나를 돕는 분이시며, 지
켜 주시는 분이십니다.
5 나를 중상모략하는 자들에게 불
행이 닥치게 해 주소서. 주는 성
실한 분이시니 그들을 망하게 해
주소서.
6 내가 주께 기쁜 마음으로 감사의
예물을 바치겠습니다. 여호와여,
내가 주의 이름을 찬송하겠습니
다. 왜냐하면 주는 좋으신 분이기
때문입니다.
7 주께서 나를 모든 어려움에서 건
지셨고, 내가 내 원수들이 넘어지
는 것을 보았기 때문입니다.

Jacob will shout with joy, and Israel will rejoice.

For the choir director: A psalm of David, regarding the time the Ziphites came and said to Saul, "We know where David is hiding." To be accompanied by stringed instruments.

54 Come with great power, O God, and rescue
me! Defend me with your might.
2 Listen to my prayer, O God. Pay attention to
my plea.
3 For strangers are attacking me; violent people
are trying to kill me. They care nothing for
God. *Interlude*
4 But God is my helper. The Lord keeps me
alive!
5 May the evil plans of my enemies be turned
against them. Do as you promised and put an
end to them.
6 I will sacrifice a voluntary offering to you;
I will praise your name, O LORD, for it is
good.
7 For you have rescued me from my
troubles and helped me to triumph over
my enemies.

1 **defend:** 지키다
2 **pay attention:** 주의를 기울이다
plea: 간청, 기도
3 **stranger:** 낯선 사람
attack: 공격하다
violent: 난폭한
Interlude: 히브리어 '셀라'의 번역
4 **alive:** 살아 있는
5 **turn against:** 돌아서다, 대적하다
6 **sacrifice:** 산 제물을 바치다
voluntary: 자발적인
offering: 제사
7 **trouble:** 고난
triumph over: …을 이기다

For the choir director:

A psalm of David, regarding the time the Ziphites came and said
to Saul, "We know where David is hiding." To be accompanied
by stringed instruments.

54

2

3

4

5

6

7

배반당한 자의 기도 - 다윗의 마스길.
현악에 맞춰 지휘자를 따라 부른 노래

55 오 하나님, 내 기도를 들어 주시고, 내
간절한 소원을 모른 체하지 마소서.
2 내 소리를 들으시고 대답해 주소서.
내 마음이 괴롭고 혼란스럽습니다.
3 그것은 원수들이 말하는 소리와 악
한 자들의 눈초리 때문입니다. 그들
은 나에게 고통을 줍니다. 화를 내
면서 나에게 욕설을 퍼붓습니다.
4 내 마음이 몹시 괴롭습니다. 그것
은 죽음에 대한 두려움이 나를 덮
치기 때문입니다.
5 무척 두렵고 온몸이 떨립니다. 두
려움이 나를 덮쳤습니다.
6 나는 중얼거렸습니다. "비둘기처럼
날개가 있다면 얼마나 좋을까? 멀
리 날아가서 쉴 수 있으련만.
7 멀리멀리 날아가 광야에 머문다면
얼마나 좋을까? (셀라)
8 바람과 폭풍으로부터 멀리 떨어진
곳으로, 몸을 숨길 수 있는 곳으로
달아날 수 있다면 얼마나 좋을까?"
9 주여, 악한 자들을 갈팡질팡하게
하시고, 그들의 말을 혼란스럽게
하소서. 왜냐하면 제가 마을에 폭
력과 싸움이 있는 것을 보았기 때
문입니다.
10 밤낮 그들은 마을의 담을 어슬렁거리
며 돌아다닙니다. 마을 안에는 학대
와 악한 일들이 일어나고 있습니다.

For the choir director: A psalm of David,
to be accompanied by stringed instruments.

55 Listen to my prayer, O God. Do not ignore my
cry for help!
2 Please listen and answer me, for I am
overwhelmed by my troubles.
3 My enemies shout at me, making loud and
wicked threats. They bring trouble on me and
angrily hunt me down.
4 My heart pounds in my chest. The terror of
death assaults me.
5 Fear and trembling overwhelm me, and I can't
stop shaking.
6 Oh, that I had wings like a dove; then I would
fly away and rest!
7 I would fly far away to the quiet of the
wilderness. *Interlude*
8 How quickly I would escape–far from this
wild storm of hatred.
9 Confuse them, Lord, and frustrate their plans,
for I see violence and conflict in the city.
10 Its walls are patrolled day and night against
invaders, but the real danger is wickedness
within the city.

2 **be overwhelmed:** 압도되다, 힘들다
3 **bring trouble on:** …을 괴롭히다
angrily: 노하여, 화내어
4 **chest:** 가슴, 흉부
assault: 급습하다, 덮치다
5 **trembling:** 떨다
6 **dove:** 비둘기
8 **escape:** 도망치다, 벗어나다
hatred: 증오
9 **confuse:** 혼란시키다
frustrate: 좌절시키다, 꺾다
conflict: 충돌, 마찰
10 **patrol:** 순찰하다
invader: 침략자

For the choir director: A psalm of David, to be accompanied by stringed instruments.

55

2

3

4

5

6

7

8

9

10

55:11~55:20 | PSALMS

11 마을 곳곳에서 치고 때리고 부수는
일들이 허다합니다. 거리에는 위협과
거짓이 그치지 않습니다.
12 만일 나를 모욕하는 자가 원수였다면
아마 나는 견딜 수 있었을 것입니다.
원수가 내게 대들었다면 나는 그 사
람으로부터 숨을 수 있었을 것입니다.
13 그러나 나와 같이 다니던 당신들이
그들이었습니다. 당신들은 나의 가
장 친한 친구들이었습니다.
14 한때, 우리는 친하게 지내며 함께 하
나님의 집에도 다니곤 했습니다.
15 내 원수들이 갑작스럽게 죽었으면 좋
겠습니다. 그들이 산 채로 무덤에 내
려갔으면 좋겠습니다. 그것은 그들이
죄와 함께 살기 때문입니다.
16 나는 하나님께 부르짖습니다. 그러면
여호와께서 나를 건져 주실 것입니다.
17 저녁에도, 아침에도, 대낮에도 나는 탄
식하며 부르짖습니다. 그러면 여호와
께서는 내 목소리를 들으실 것입니다.
18 비록 많은 사람들이 나를 대적하지
만 나를 죽이려는 전쟁터에서 주는
내 생명을 값을 주고 사시어 안전하
게 하십니다.
19 영원히 보좌에 앉아 계시는 하나님
은 내 기도를 들으시고 그들에게 벌
을 내리실 것입니다. (셀라) 그들은
태도를 바꾸지 않는 자들이며, 하나
님을 두려워하지 않는 자들입니다.
20 내 친구였던 사람도 그의 친구들을

11 Everything is falling apart; threats and
cheating are rampant in the streets.
12 It is not an enemy who taunts me–I could
bear that. It is not my foes who so arrogantly
insult me–I could have hidden from them.
13 Instead, it is you–my equal, my companion
and close friend.
14 What good fellowship we once enjoyed as we
walked together to the house of God.
15 Let death stalk my enemies; let the grave
swallow them alive, for evil makes its home
within them.
16 But I will call on God, and the LORD will
rescue me.
17 Morning, noon, and night I cry out in my
distress, and the LORD hears my voice.
18 He ransoms me and keeps me safe from the
battle waged against me, though many still
oppose me.
19 God, who has ruled forever, will hear me
and humble them. *Interlude* For my enemies
refuse to change their ways; they do not fear
God.
20 As for my companion, he betrayed his

11 **apart:** 산산이, 따로따로
rampant: 무성한, 만연한
12 **taunt:** 조롱하다
arrogantly: 오만하게
insult: 모욕하다
13 **companion:** 동료
14 **fellowship:** 동료의식, 우정
15 **stalk:** (사냥감에) 몰래 다가가다
swallow: 삼키다
17 **distress:** 고통, 고난
18 **keep A safe from B:** A를 B에서 구해주다
wage: (전쟁, 투쟁 등을) 하다
oppose: 반대하다
19 **humble:** 낮추다

11

12

13

14

15

16

17

18

19

20

55:21~56:4 | PSALMS

칩니다. 그는 자기가 한 언약을 깨뜨
립니다.
21 그의 말은 버터처럼 매끄러우나 그
마음속에는 전쟁이 일어나고 있습니
다. 그의 말은 기름보다 더 부드럽지
만 칼집에서 뺀 칼과 같습니다.
22 여러분의 짐을 여호와께 맡기십시
오. 그러면 그분이 여러분을 돌보실
것입니다. 그분은 절대로 의로운 사
람을 넘어지게 하지 않을 것입니다.
23 하나님, 주는 악한 자들을 끌어 내
시어 썩는 구덩이 속으로 집어 넣을
것입니다. 살인하는 자와 사기치는
자들은 자기 사는 날의 반밖에 살
지 못할 것입니다. 그러나 나는 주
를 굳게 믿습니다.

하나님의 도우심을 믿음 - '먼 떡갈나무 위의 비둘기'에 맞춰 지휘자를 따라 부른 노래. 다윗의 믹담시. 다윗이 가드에서 블레셋 사람에게 잡힌 때

56 오 하나님, 사람들이 나를 추격해
오니 나를 불쌍히 여겨 주소서. 하
루 종일 그들은 나를 끊임없이 공격
해 옵니다.
2 원수들이 종일토록 나를 뒤쫓습니
다. 많은 사람들이 으스대면서 나를
공격합니다.
3 두렵고 떨릴 때에 나는 주를 굳게
믿습니다.
4 하나님의 말씀을 찬송하며 하나님
을 굳게 믿고 두려워하지 않을 것입

friends; he broke his promises.
21 His words are as smooth as butter, but in his
heart is war. His words are as soothing as
lotion, but underneath are daggers!
22 Give your burdens to the LORD, and he will
take care of you. He will not permit the godly
to slip and fall.
23 But you, O God, will send the wicked down
to the pit of destruction. Murderers and liars
will die young, but I am trusting you to save
me.

For the choir director: A psalm of David, regarding the time the Philistines seized him in Gath. To be sung to the tune "Dove on Distant Oaks."

56 O God, have mercy on me, for people are
hounding me. My foes attack me all day
long.
2 I am constantly hounded by those who
slander me, and many are boldly attacking
me.
3 But when I am afraid, I will put my trust in
you.
4 I praise God for what he has promised. I trust

20 **as for:** …에 관한 한은
betray: 배반하다
21 **soothing:** 바로 곁, 면전
underneath: 바닥, 하부
dagger: 단검, 칼
22 **burden:** 짐
permit: 허가하다, 허용하다
23 **destruction:** 파멸, 멸망
1 **hound:** 추적하다, 집요하게 좇다
foe: 적, 원수
2 **constantly:** 끊임없이
slander: 중상하다
boldly: 뻔뻔스럽게
4 **mortal:** (유한한) 인간의

21

22

23

For the choir director:
A psalm of David, regarding the time the Philistines seized him
in Gath. To be sung to the tune "Dove on Distant Oaks."

56

2

3

4

56:5~56:13 | PSALMS

니다. 사람이 내게 어떻게 할 수 있
겠습니까?
5 온종일 그들은 내 말을 왜곡시킵니
다. 항상 그들은 내게 해를 끼치려
고 악한 일을 꾸밉니다.
6 그들은 오래 숨어서 기다리고 내 발걸
음을 살피며 나를 죽이려고 합니다.
7 어떤 경우에도 그들이 달아나지 못하
게 해 주소서. 오 하나님, 분노하시고
그들을 납작하게 낮추소서.
8 나의 탄식과 고통을 적어 두소서.
내 눈물을 주의 책에 기록해 두소
서. 그것들이 주의 책에 없습니까?
9 내가 도와 달라고 부르짖는 날에 내
원수들이 도망칠 것입니다. 그렇게
되면 나는 하나님이 내 편에 서 계
신 줄 알 것입니다.
10 내가 하나님 안에서 하나님의 말씀
을 찬양합니다. 내가 여호와 안에서
여호와의 말씀을 찬양합니다.
11 하나님을 굳게 믿습니다. 두려워하
지 않을 것입니다. 사람이 나를 어떻
게 하겠습니까?
12 오 하나님, 주께 한 서약을 기억합니
다. 내가 주께 감사의 제물을 드리겠
습니다.
13 왜냐하면 주께서 나를 죽음에서 건
지셨고 넘어지지 않도록 나를 붙드
셨기 때문입니다. 이제 나는 빛 가운
데서, 하나님이 보는 앞에서 걸어가
겠습니다.

in God, so why should I be afraid? What can
mere mortals do to me?
5 They are always twisting what I say; they
spend their days plotting to harm me.
6 They come together to spy on me–watching
my every step, eager to kill me.
7 Don't let them get away with their
wickedness; in your anger, O God, bring
them down.
8 You keep track of all my sorrows. You have
collected all my tears in your bottle. You
have recorded each one in your book.
9 My enemies will retreat when I call to you
for help. This I know: God is on my side!
10 I praise God for what he has promised; yes, I
praise the LORD for what he has promised.
11 I trust in God, so why should I be afraid?
What can mere mortals do to me?
12 I will fulfill my vows to you, O God, and will
offer a sacrifice of thanks for your help.
13 For you have rescued me from death; you
have kept my feet from slipping. So now I
can walk in your presence, O God, in your
life-giving light.

---

5 **twist:** 곡해하다, 억지를 쓰다
plot: 음모하다
6 **spy on:** …을 감시하다
eager to: 간절히 …하고 싶어하는
7 **get away with:** 무사히 빠져나가다
8 **keep track of:** …을 기억하고 있다
sorrow: 슬픔, 비통
collect: 모으다
9 **retreat:** 후퇴하다
12 **fulfill:** 이행하다, 실행하다
vow: 서약, 맹세
sacrifice: 제물
13 **slip:** 미끄러지다, 넘어지다
in one's presence: 면전, 보는 앞에서

5

6

7

8

9

10

11

12

13

어려울 때의 기도 – 알다스헷에 맞춰 지휘자를 따라 부른 노래. 다윗의 믹담 시. 다윗이 사울을 피하여 굴에 있을 때

57 오 하나님, 나를 불쌍히 여겨 주소서. 나를 불쌍히 여겨 주소서. 내가 주께 피하러 왔습니다. 나는 어려움이 다 지나갈 때까지 주의 날개 그늘 아래서 피하겠습니다.
2 가장 높으신 하나님께 내가 부르짖습니다. 나를 위한 주의 목적을 이루시는 하나님께 외칩니다.
3 주께서 하늘에서부터 도움의 손길을 뻗어 나를 건지십니다. 주는 나를 뒤쫓는 자들을 벌하십니다. (셀라) 하나님이 그 사랑과 신실하심을 내게 내려 주십니다.
4 내가 사자들 가운데 서 있습니다. 내가 무시무시한 들짐승들 가운데 누워 있습니다. 창과 화살이 그들의 이빨입니다. 날카로운 칼이 그들의 혀입니다.
5 오 하나님, 하늘 위에 높임을 받으소서. 주의 영광이 온 땅에 두루 나타납니다.
6 원수들이 나를 잡으려고 덫을 놓습니다. 그래서 내가 근심 중에 엎드렸습니다. 그들은 내가 가는 길에 구덩이를 파 놓았지만 그들 스스로 구덩이에 빠졌습니다. (셀라)

For the choir director: A psalm of David, regarding the time he fled from Saul and went into the cave. To be sung to the tune "Do Not Destroy!"

57 Have mercy on me, O God, have mercy! I look to you for protection. I will hide beneath the shadow of your wings until the danger passes by.
2 I cry out to God Most High, to God who will fulfill his purpose for me.
3 He will send help from heaven to rescue me, disgracing those who hound me. *Interlude* My God will send forth his unfailing love and faithfulness.
4 I am surrounded by fierce lions who greedily devour human prey–whose teeth pierce like spears and arrows, and whose tongues cut like swords.
5 Be exalted, O God, above the highest heavens! May your glory shine over all the earth.
6 My enemies have set a trap for me. I am weary from distress. They have dug a deep pit in my path, but they themselves have fallen into it. *Interlude*

1 **beneath:** 밑에, 낮은 곳에
2 **cry out:** 큰 소리로 외치다
3 **disgrace:** 불명예
hound: 집요하게 뒤쫓다
send forth: …을 내다, 발하다
Interlude: 히브리어 '셀라'의 번역
4 **be surrounded by:** …로 둘러싸여 있다
fierce: 사나운
greedily: 게걸스럽게
devour: 삼켜버리다
5 **exalt:** 높이다
6 **set a trap for:** …을 잡으려고 덫을 놓다
be weary from: …때문에 지치다
dig a pit: 구덩이를 파다

For the choir director: A psalm of David,
regarding the time he fled from Saul and went
into the cave. To be sung to the tune "Do Not Destroy!"

57

2

3

4

5

6

7 오 하나님, 내 마음은 변함이 없습니다. 내가 주를 노래하고 찬양할 것입니다.
8 내 영혼아, 일어나라. 비파야, 수금아, 잠에서 깨어라! 내가 새벽을 깨우겠다.
9 주여, 내가 모든 나라들 가운데서 주를 찬양하겠습니다. 내가 민족들 가운데서 주를 찬송하겠습니다.
10 주의 사랑은 너무나 크셔서 하늘까지 닿고, 주의 신실하심은 창공에 이릅니다.
11 하나님이여, 하늘 위에 높임을 받으소서. 주의 영광이 온 땅에 두루 나타납니다.

불의한 권세자들 - 다윗의 믹담 시. 알다스헷 곡조에 맞춰 지휘자를 따라 부른 노래

58 통치자들이여, 당신들은 참으로 옳은 것을 말합니까? 재판장들이여, 당신들은 사람을 공정하게 심판합니까?
2 아닙니다. 당신들은 마음속으로는 불의를 꾸밉니다. 당신들은 이 땅에서 폭력을 휘두릅니다.
3 못된 사람들은 태어날 때부터 잘못된 길로 갑니다. 그들은 태어나자마자 그릇된 길로 가면서 거짓말을 합니다.
4 그들이 내뿜는 독은 뱀의 독과 같으며, 듣지 못하는 코브라의 독과 같습니다.

7 My heart is confident in you, O God; my heart is confident. No wonder I can sing your praises!
8 Wake up, my heart! Wake up, O lyre and harp! I will wake the dawn with my song.
9 I will thank you, Lord, among all the people. I will sing your praises among the nations.
10 For your unfailing love is as high as the heavens. Your faithfulness reaches to the clouds.
11 Be exalted, O God, above the highest heavens. May your glory shine over all the earth.

For the choir director: A psalm of David, to be sung to the tune "Do Not Destroy!"

58 Justice–do you rulers know the meaning of the word? Do you judge the people fairly?
2 No! You plot injustice in your hearts. You spread violence throughout the land.
3 These wicked people are born sinners; even from birth they have lied and gone their own way.
4 They spit venom like deadly snakes; they are like cobras that refuse to listen,

7 **confident:** 확신하는
8 **lyre:** 수금
dawn: 새벽, 동틀 녘
9 **among:** …사이에, …에 섞여서
10 **unfailing:** 기대에 어긋나지 않는, 확실한
reach to: …에까지 이르다
1 **ruler:** 통치자
fairly: 공정하게, 공평하게
2 **injustice:** 불법, 부정
violence: 폭력
throughout the land: 전국 방방곡곡에
4 **spit:** 내뿜다
venom: 독액
refuse: 거절하다

7

8

9

10

11

For the choir director: A psalm of David, to be sung to the tune

"Do Not Destroy!"

58

2

3

4

58:5~58:11 | PSALMS

5 그들은 피리 부는 사람의 가락에 귀를 기울이지 않으며, 아무리 아름답게 연주를 해도 귀를 기울이지 않습니다.

6 오 하나님, 그들 입 속의 이를 부러뜨려 주소서. 오 여호와여, 저 사자들의 어금니를 뽑아 버리십시오!

7 흘러가 버리는 물처럼 그들을 사라지게 하소서. 부러진 화살처럼 꺾어 주소서.

8 그들이 움직일 때, 몸이 녹아 없어지는 달팽이 같게 해 주시고, 해를 한 번도 보지 못하고 죽는 갓난아기 같게 하소서.

9 악한 자들이 푸르거나 말랐거나 상관없이 그들을 없애 버리실 것입니다. 타는 가시나무가 가마를 덥히기도 전에 없애 버리실 것입니다.

10 의로운 사람들은 악한 사람들이 되갚음당하는 것을 볼 때에 기뻐할 것이며, 악한 사람들의 피로 그들의 발을 씻을 때에 즐거워할 것입니다.

11 사람들은 입을 모아 다음과 같이 말할 것입니다. "의로운 사람은 반드시 보상이 있을 것입니다. 세상을 심판하시는 하나님이 정말로 계십니다."

보호를 구하는 기도 – 알다스헷에 맞춰 지휘자를 따라 부른 노래. 다윗의 믹담 시. 사울이 사람을 보내어 다윗을 죽이려고 그 집을 지킬 때

5 ignoring the tunes of the snake charmers, no matter how skillfully they play.

6 Break off their fangs, O God! Smash the jaws of these lions, O LORD!

7 May they disappear like water into thirsty ground. Make their weapons useless in their hands.

8 May they be like snails that dissolve into slime, like a stillborn child who will never see the sun.

9 God will sweep them away, both young and old, faster than a pot heats over burning thorns.

10 The godly will rejoice when they see injustice avenged. They will wash their feet in the blood of the wicked.

11 Then at last everyone will say, "There truly is a reward for those who live for God; surely there is a God who judges justly here on earth."

For the choir director: A psalm of David, regarding the time Saul sent soldiers to watch David's house in order to kill him. To be sung to the tune "Do Not Destroy!"

5 **charmer:** 뱀 부리는 사람
no matter how: 어떻게 할지라도
skillfully: 솜씨있게
6 **break off:** …를 꺾어 버리다
fang: 이빨
8 **snail:** 달팽이
dissolve into: 녹아서 …이 되다
slime: 점액
stillborn: 사산의
9 **sweep … away:** …을 완전히 없애 버리다
pot: 항아리, 냄비
thorn: 가시
10 **avenge:** 복수하다
11 **reward:** 보상

5

6

7

8

9

10

11

For the choir director: A psalm of David, regarding the time
Saul sent soldiers to watch David's house in order to kill him.
To be sung to the tune "Do Not Destroy!"

59 오 하나님, 원수들에게서 나를 건져 주시고, 나를 치러 오는 자들로부터 지켜 주소서.
2 악한 짓을 하는 사람들에게서 나를 구출해 주시고, 피에 굶주린 사람들로부터 건져 주소서.
3 보십시오. 그들이 나를 치려고 숨어 엎드려 있습니다. 사나운 사람들이 나를 치려 듭니다. 여호와여, 나는 죄를 짓거나 나쁜 짓을 한 일이 없습니다.
4 아무런 잘못도 하지 않았는데, 그들이 나를 죽이려고 달려듭니다. 일어나 나를 도와 주시고 나의 불행을 살펴 주소서.
5 오 만군의 여호와 하나님, 이스라엘의 하나님이여, 오셔서 모든 나라들에게 벌을 내려 주소서. 주께 대항하는 악한 자들을 불쌍히 여기지 마소서. (셀라)
6 밤이면 그들은 다시 돌아옵니다. 마치 들개처럼 으르렁대며 마을을 어슬렁거리며 돌아다닙니다.
7 그들의 입에서 내뱉는 것이 무엇인지 살펴보십시오. 그들의 입에서 칼과 같은 말들이 나옵니다. 그들은 "듣는 사람이 어디 있어?"라고 말합니다.
8 오 여호와여, 주께서는 그들을 비웃으십니다. 주는 모든 나라를 우습게 여기십니다.
9 오 나의 힘이시여, 내가 주를 기다립니다. 오 하나님, 주는 나의 성벽이시며,

59 Rescue me from my enemies, O God. Protect me from those who have come to destroy me.
2 Rescue me from these criminals; save me from these murderers.
3 They have set an ambush for me. Fierce enemies are out there waiting, LORD, though I have not sinned or offended them.
4 I have done nothing wrong, yet they prepare to attack me. Wake up! See what is happening and help me!
5 O LORD God of Heaven's Armies, the God of Israel, wake up and punish those hostile nations. Show no mercy to wicked traitors. *Interlude*
6 They come out at night, snarling like vicious dogs as they prowl the streets.
7 Listen to the filth that comes from their mouths; their words cut like swords. "After all, who can hear us?" they sneer.
8 But LORD, you laugh at them. You scoff at all the hostile nations.
9 You are my strength; I wait for you to rescue me, for you, O God, are my fortress.

2 **criminal:** 범죄자
3 **ambush:** 매복하다
fierce: 사나운, 난폭한
offend: 불쾌하게 하다, 해치다
4 **prepare to:** 준비하다
5 **punish:** 처벌하다, 벌하다
hostile: 적대하다
traitor: 반역자
6 **snarl:** 으르렁거리다
vicious: 사나운
prowl: 어슬렁거리다, (먹이를) 찾아 헤메다
7 **filth:** 오물, 쓰레기
sneer: 비웃다
8 **scoff at:** …을 비웃다, 조롱하다

59

2

3

4

5

6

7

8

9

59:10~59:17 | PSALMS

10 나를 사랑하는 하나님이십니다.
하나님께서 내 앞에 가실 것이며
나를 비방하는 자들이 망하는 것
을 보여 주시고 나를 만족시켜 주
실 것입니다.
11 나의 방패시여, 그들을 죽이지는
마소서. 그렇게 하시면 우리 백성
이 잊어 버릴지도 모릅니다. 주의
힘으로 그들을 흩어지게 하시고
넘어뜨려 주소서.
12 그들은 입으로 죄를 짓습니다. 그들
은 말로 죄를 짓습니다. 그들이 으스
대다가 스스로 잡히게 해 주소서. 그
들은 저주와 거짓말을 내뱉습니다.
13 주의 분노로 그들을 태우십시오.
그들을 아주 없애 버리십시오! 그러
면 하나님께서 야곱 민족을 다스린
다는 사실이 세상 끝까지 알려지게
될 것입니다. (셀라)
14 밤이면 그들은 다시 돌아옵니다. 마
치 들개처럼 으르렁대며 마을을 어
슬렁거리며 돌아다닙니다.
15 그들은 먹을 것을 찾아 헤매다가
먹이를 찾지 못하면 울부짖습니다.
16 나는 주의 힘을 노래할 것입니다. 아
침에 내가 주의 사랑을 노래할 것입
니다. 주는 나의 성벽이시며 어려울
때에 찾아갈 나의 피난처이십니다.
17 오 나의 힘이시여, 내가 주를 찬양
합니다. 오 하나님, 주는 나의 성벽
이시며, 나를 사랑하는 하나님이

10 In his unfailing love, my God will stand with
me. He will let me look down in triumph on
all my enemies.
11 Don't kill them, for my people soon forget
such lessons; stagger them with your power,
and bring them to their knees, O Lord our
shield.
12 Because of the sinful things they say, because
of the evil that is on their lips, let them be
captured by their pride, their curses, and their
lies.
13 Destroy them in your anger! Wipe them out
completely! Then the whole world will know
that God reigns in Israel. *Interlude*
14 My enemies come out at night, snarling like
vicious dogs as they prowl the streets.
15 They scavenge for food but go to sleep
unsatisfied.
16 But as for me, I will sing about your power.
Each morning I will sing with joy about your
unfailing love. For you have been my refuge,
a place of safety when I am in distress.
17 O my Strength, to you I sing praises, for you,
O God, are my refuge, the God who shows me

10 **unfailing:** 기대에 어긋나지 않는, 확실한
in triumph: 의기양양하여
11 **lesson:** 가르침, 교훈
stagger: 흔들거리게 하다
12 **sinful:** 죄 많은
curse: 저주
13 **wipe … out:** …을 소탕하다
completely: 완전히, 남김없이
reign: 통치하다, 다스리다
14 **vicious:** 사나운
15 **scavenge for:** 찾아다니다
unsatisfied: 만족하지 않은
16 **refuge:** 피난처
distress: 고뇌, 고통

10

11

12

13

14

15

16

17

십니다.

승리를 간구하는 기도– 수산에둣에 맞춰 지휘자를 따라 부른 노래. 교육을 위한 다윗의 믹담 시. 다윗이 아람 나하라임과 아람 소바와 싸우는 중에 요압이 돌아와 에돔을 소금 골짜기에서 쳐서 만 이천 명을 죽인 때

60 오 하나님, 주는 우리를 버리시고 흩어지게 하셨습니다. 주는 우리에게 분노를 퍼부으셨습니다. 그러나 이제 우리에게 다시 마음을 돌리소서.

2 주께서 땅을 흔들고 갈라지게 하셨습니다. 땅이 흔들리고 있으니 그 틈을 메워 주소서.

3 주께서 주의 백성들에게 고통의 시간을 주셨습니다. 주께서 우리를 술 취한 사람처럼 비틀거리게 하셨습니다.

4 그러나 주를 두려워하는 사람들을 위해 깃발을 높이 올리셨습니다. 깃발은 적군의 화살에 아랑곳하지 않고 펄럭입니다. (셀라)

5 주의 오른손으로 우리를 건져 주시고 도와 주소서. 주께서 사랑하시는 백성들이 구출될 것입니다.

6 하나님께서 자신의 성전에서 말씀하셨습니다. "내가 승리하면, 세겜 땅을 나누고 숙곳 골짜기를 재어 볼 것이다.

7 길르앗과 므낫세가 다 나의 것이다. 에브라임은 내가 쓰는 투구며

unfailing love.

For the choir director: A psalm of David useful for teaching, regarding the time David fought Aram-naharaim and Aram-zobah, and Joab returned and killed 12,000 Edomites in the Valley of Salt. To be sung to the tune "Lily of the Testimony."

60 You have rejected us, O God, and broken our defenses. You have been angry with us; now restore us to your favor.

2 You have shaken our land and split it open. Seal the cracks, for the land trembles.

3 You have been very hard on us, making us drink wine that sent us reeling.

4 But you have raised a banner for those who fear you–a rallying point in the face of attack. *Interlude*

5 Now rescue your beloved people. Answer and save us by your power.

6 God has promised this by his holiness: "I will divide up Shechem with joy. I will measure out the valley of Succoth.

7 Gilead is mine, and Manasseh, too. Ephraim, my helmet, will produce my warriors, and

---

1 **reject:** 거절하다
defense: 방어, 방위
restore: 회복하다
2 **split:** 쪼개다
seal: 막다, 봉하다
crack: 틈
tremble: 흔들리다, 진동하다
3 **reel:** 비틀거리다
4 **banner:** 기, 현수막
rallying point: 세력을 되찾게 되는 계기
6 **divide up:** …을 나누다, 분할하다
measure out: 재어서 분배하다
valley: 골짜기
7 **scepter:** 홀, 규, 지팡이

For the choir director: A psalm of David useful for teaching,
regarding the time David fought Aram–naharaim
and Aram–zobah, and Joab returned and killed 12,000 Edomites
in the Valley of Salt. To be sung to the tune
"Lily of the Testimony."

60

2

3

4

5

6

7

유다는 나의 지휘봉이다.
8 모압은 나의 목욕통이다. 에돔 땅
위에 내가 신발을 던질 것이며, 블레
셋에 대해 내가 큰 소리로 승리를
외친다."
9 누가 나를 굳건한 성벽이 있는 성으
로 데리고 가겠습니까? 누가 나를
에돔으로 인도할 것입니까?
10 하나님이여, 우리를 버리신 주가 아
니십니까? 더 이상 우리 군대와 함
께 나아가지 않는 주가 아니십니까?
11 우리가 적과 싸울 때에 도와 주소서.
사람의 도움은 아무 소용이 없습니다.
12 하나님의 도우심으로 우리가 이길
수 있습니다. 하나님께서 우리의 원
수들을 짓밟을 것입니다.

보호를 구하는 기도 – 다윗의 시. 현악에 맞춰 지휘자를 따라 부른 노래

61 하나님이여, 나의 부르짖는 소리를
들어 주소서. 내가 드리는 기도에
귀 기울여 주소서.
2 내가 먼지 구덩이에서 주를 부릅니
다. 내 심장이 떨려 힘이 없을 때에
내가 주를 부릅니다. 나를 높은 바
위 위에 옮겨다 주소서.
3 주는 나의 피난처이시며 원수들을 막
기 위해 세운 굳건한 망대이십니다.
4 나는 주의 성막에 영원히 살며, 주의
날개 아래로 피하겠습니다. (셀라)
5 오 하나님, 주는 제가 드린 서약을
들으셨습니다. 주는 주의 이름을 높

Judah, my scepter, will produce my kings.
8 But Moab, my washbasin, will become my
servant, and I will wipe my feet on Edom
and shout in triumph over Philistia."
9 Who will bring me into the fortified city?
Who will bring me victory over Edom?
10 Have you rejected us, O God? Will you no
longer march with our armies?
11 Oh, please help us against our enemies, for
all human help is useless.
12 With God's help we will do mighty things, for
he will trample down our foes.

For the choir director: A psalm of David, to be accompanied by stringed instruments.

61 O God, listen to my cry! Hear my prayer!
2 From the ends of the earth, I cry to you for
help when my heart is overwhelmed. Lead
me to the towering rock of safety,
3 for you are my safe refuge, a fortress where
my enemies cannot reach me.
4 Let me live forever in your sanctuary, safe
beneath the shelter of your wings! *Interlude*
5 For you have heard my vows, O God. You
have given me an inheritance reserved for

---

8 **washbasin:** 세면대
9 **fortify:** 강화하다, 요새화하다
10 **no longer:** 더 이상 …이 아닌
march: 행진하다
12 **mighty:** 강력한, 힘이 있는
trample: 짓밟다, 유린하다
2 **overwhelm:** 억누르다, 압도되다
towering: 몹시 높은
3 **refuge:** 피난처
4 **sanctuary:** 성막, 성소
beneath: 밑에, 아래에
shelter: 피난처
5 **inheritance:** 유산
reserved: 남겨 둔, 예비의

8

9

10

11

12

For the choir director: A psalm of David, to be accompanied
by stringed instruments.

61

2

3

4

5

이는 사람들을 위해 마련해 두신
복을 제게 주셨습니다.
6 왕의 수명을 더해 주셔서 오래오래
살게 해 주소서.
7 왕이 영원히 하나님 앞에 살게 하시
고 주의 사랑과 신실하심으로 왕을
지켜 주소서.
8 그리하시면 내가 주의 이름을 언제
까지나 찬양하며 내가 약속한 것을
날마다 지키겠습니다.

오직 하나님만 의지함 – 다윗의 시. 여두둔에 맞춰 지휘자를 따라 부른 노래

62 내가 하나님 안에서만 참된 안식을
누립니다. 나를 구원하실 분은 오직
하나님이십니다.
2 그분만이 나의 바위이시며, 나를 구원
하시는 분입니다. 그분은 나의 성벽이
시니, 내가 흔들리지 않을 것입니다.
3 당신들이 언제까지 나를 공격할 것
입니까? 언제까지 당신들 모두가 힘
을 합하여 나를 쓰러뜨리려고 하십
니까? 나는 쓰러지는 벽, 허물어지
려는 담과 같습니다.
4 저희가 높은 곳에 앉아 있는 나를 끌
어내리려고 합니다. 저들은 나에 대
해 거짓말하기를 즐깁니다. 저희가
입으로는 나를 축복합니다만 마음속
으로는 나를 저주합니다. (셀라)
5 내가 하나님 안에서만 편안히 쉬렵
니다. 나에게 희망을 주실 분은 오
직 하나님이십니다.

those who fear your name.
6 Add many years to the life of the king! May
his years span the generations!
7 May he reign under God's protection forever.
May your unfailing love and faithfulness
watch over him.
8 Then I will sing praises to your name forever
as I fulfill my vows each day.

For Jeduthun, the choir director: A psalm of David.

62 I wait quietly before God, for my victory
comes from him.
2 He alone is my rock and my salvation, my
fortress where I will never be shaken.
3 So many enemies against one man–
all of them trying to kill me. To them
I'm just a broken-down wall or a tottering
fence.
4 They plan to topple me from my high
position. They delight in telling lies about
me. They praise me to my face but curse me
in their hearts. *Interlude*
5 Let all that I am wait quietly before God, for
my hope is in him.

---

6 **span:** 걸치다, 미치다
7 **reign:** 지배하다, 통치하다
faithfulness: 신실함, 성실함
watch over: …을 돌봐주다
8 **sing praises to:** …을 찬양하다
fulfill: 수행하다, 이루다
2 **salvation:** 구원
fortress: 요새
3 **broken-down:** 완전히 망가진
tottering: 비틀거리는
fence: 울타리, 담
4 **topple:** …을 쓰러뜨리다
delight in: …을 즐기다
curse: 저주

6

7

8

For Jeduthun, the choir director: A psalm of
David.

62

2

3

4

5

62:6~62:12 | PSALMS

6 그분만이 나의 바위이시며 나를
구원하시는 분이십니다. 그분은 나
의 성벽이시니, 내가 흔들리지 않
을 것입니다.
7 나의 구원과 명예는 오직 하나님
께 달려 있습니다. 그분은 나의 단
단한 바위시며 피난처가 되십니다.
8 사람들이여, 항상 하나님을 굳게
믿으십시오. 그분께 여러분의 마
음을 다 털어 놓으십시오. 왜냐하
면 하나님은 우리의 피난처이시기
때문입니다. (셀라)
9 천한 사람들도 한날 한숨에 지나
지 않으며 아무리 뛰어난 사람들
도 헛될 뿐입니다. 저울에 달아 보
면 아무것도 아닙니다. 그들 모두
달아 봐도 한낱 한숨에 지나지 않
습니다.
10 힘이 있다고 힘을 믿지 마십시오.
훔친 물건에 대해 자랑하지도 마
십시오. 재산이 늘어난다 하더라
도 그곳에 마음을 두지 마십시오.
11 하나님께서 말씀하실 때에 내가
귀담아들었습니다. 하나님께서 또
다시 말씀하실 때에 내가 들었습
니다. 주만이 힘있는 분이십니다.
12 주는 사랑을 베푸는 분이십니다.
사람들이 행한 대로 주는 반드시
갚으실 것입니다.

주를 갈망하는 자의 기도 – 다윗의 시. 유다 광야에 있을 때

6 He alone is my rock and my salvation, my
fortress where I will not be shaken.
7 My victory and honor come from God alone.
He is my refuge, a rock where no enemy can
reach me.
8 O my people, trust in him at all times. Pour
out your heart to him, for God is our refuge.
Interlude
9 Common people are as worthless as a puff
of wind, and the powerful are not what
they appear to be. If you weigh them on
the scales, together they are lighter than a
breath of air.
10 Don't make your living by extortion or put
your hope in stealing. And if your wealth
increases, don't make it the center of your
life.
11 God has spoken plainly, and I have heard it
many times: Power, O God, belongs to you;
12 unfailing love, O Lord, is yours. Surely you
repay all people according to what they have
done.

A psalm of David, regarding a time when David was in the wilderness of Judah.

7 **refuge:** 피난처
8 **at all times:** 늘, 언제나
pour out: …을 쏟다
9 **common:** 보통의
worthless: 가치없는
puff: 훅 불기
scale: 저울
10 **extortion:** 강탈
steal: 도둑질하다
increase: 증가하다, 늘어나다
11 **plainly:** 분명하게
12 **surely:** 분명히, 틀림없이
repay: 갚다, 보답하다
according to: …에 따라서

6

7

8

9

10

11

12

A psalm of David, regarding a time when David was
in the wilderness of Judah.

63 오 하나님, 주는 나의 하나님이십
니다. 내가 주를 간절하게 찾습니
다. 물이라곤 찾아볼 수 없는 곳,
메마르고 거친 땅에서 내 영혼이
주를 목마르게 찾습니다. 온몸으
로 주를 애타게 찾아 헤맵니다.
2 내가 주를 성소에서 뵈었습니다.
그곳에서 주의 능력과 영광을 보
았습니다.
3 주의 사랑이 내 목숨보다도 좋기
에 내가 주를 찬양할 것입니다.
4 내가 살아 있는 동안, 주를 찬양할
것입니다. 내가 손을 들고 기도하며
주의 이름을 찬송하겠습니다.
5 가장 좋은 음식을 먹은 것처럼 내
가 만족할 것입니다. 크게 기뻐하
며 내가 주를 찬송하겠습니다.
6 내가 침대에 누워서 주를 떠올립니다.
긴 밤이 지나도록 주를 생각합니다.
7 주는 나를 도우시는 분이시기에
내가 주의 날개 그늘 아래서 노래
합니다.
8 내가 주께 가까이 다가가니, 주께서
오른손으로 나를 붙들어 주십니다.
9 나를 죽이려고 하는 사람들은 무
덤으로 내려갈 것입니다.
10 그들은 칼에 죽을 것이고, 그들의
시체는 들개들의 밥이 될 것입니다.
11 왕은 하나님 안에서 기뻐할 것이
니 하나님의 이름으로 맹세하는
사람들은 모두 하나님을 찬양할

63 O God, you are my God; I earnestly search for
you. My soul thirsts for you; my whole body
longs for you in this parched and weary land
where there is no water.
2 I have seen you in your sanctuary and gazed
upon your power and glory.
3 Your unfailing love is better than life itself;
how I praise you!
4 I will praise you as long as I live, lifting up my
hands to you in prayer.
5 You satisfy me more than the richest feast. I
will praise you with songs of joy.
6 I lie awake thinking of you, meditating on you
through the night.
7 Because you are my helper, I sing for joy in the
shadow of your wings.
8 I cling to you; your strong right hand holds me
securely.
9 But those plotting to destroy me will come to
ruin. They will go down into the depths of the
earth.
10 They will die by the sword and become the
food of jackals.
11 But the king will rejoice in God. All who swear

1 **earnestly:** 간절하게
thirst for: …을 갈망하다
parch: 바짝 마르다
2 **sanctuary:** 성막, 성소
gaze upon: …을 바라보다
5 **satisfy:** 만족시키다
feast: 맛있는 음식, 향연
6 **awake:** 깨우다, 자각시키다
meditate on: …에 대해 묵상하다
8 **cling to:** …에 달라붙다
securely: 안전하게
9 **plot:** 음모하다
10 **jackal:** 자칼, 들개
11 **swear:** 맹세하다

63

2

3

4

5

6

7

8

9

10

11

것입니다. 그러나 거짓말하는 사람
들은 입을 닫아야 할 것입니다.

대적의 악한 음모를 심판하시는 하나님
– 다윗의 시. 지휘자를 따라 부른 노래

64 오 하나님, 내 억울한 소리를 들어
보소서. 원수들이 위협합니다. 내
목숨을 보호해 주소서.
2 악한 일을 일삼는 저 못된 사람들로
부터 나를 숨겨 주시고, 나쁜 짓을
일삼는 저 패거리로부터 나를 보호
해 주소서.
3 그들의 혀는 날카로운 칼과 같고, 그들
의 말은 치명적인 화살과 같습니다.
4 그들은 숨어서 죄 없는 사람들을 향
해 화살을 쏘아댑니다. 죄 없는 사람
을 쏘고서도 두려워하지 않습니다.
5 그들은 서로 나쁜 짓을 하라고 부추
깁니다. 그들은 숨겨 놓은 덫에 대해
말합니다. 그리고 "누가 이것을 알
수 있겠어?"라고 말합니다.
6 그들은 못된 짓을 꾸며 놓고 이렇게
말합니다. "이것은 기막힌 생각이
야!" 사람의 마음과 생각은 정말로
알기가 힘듭니다.
7 그러나 하나님께서 그들을 향해 화
살을 쏘시므로 그들이 갑작스레 맞
아 고꾸라질 것입니다.
8 자기들이 내뱉은 말이 자기들에게
돌아갈 것입니다. 자신들이 던진 말
에 스스로가 맞아 쓰러질 것입니다.
쓰러진 그들을 보는 사람들마다 모

to tell the truth will praise him, while liars
will be silenced.

For the choir director: A psalm of David.

64 O God, listen to my complaint. Protect my
life from my enemies' threats.
2 Hide me from the plots of this evil mob, from
this gang of wrongdoers.
3 They sharpen their tongues like swords and
aim their bitter words like arrows.
4 They shoot from ambush at the innocent,
attacking suddenly and fearlessly.
5 They encourage each other to do evil and
plan how to set their traps in secret. "Who
will ever notice?" they ask.
6 As they plot their crimes, they say, "We have
devised the perfect plan!" Yes, the human
heart and mind are cunning.
7 But God himself will shoot them with his
arrows, suddenly striking them down.
8 Their own tongues will ruin them, and all
who see them will shake their heads in
scorn.
9 Then everyone will be afraid; they will
proclaim the mighty acts of God and realize

1 **complaint:** 불평
2 **mob:** 집단, 폭도
gang: 한 무리, 한패
wrongdoer: 나쁜 짓을 하는 사람
3 **sharpen:** 날카롭게 하다
bitter: 쓴, 쓰라린
4 **ambush:** 매복하다
fearlessly: 겁 없이
5 **encourage:** 격려하다
6 **devise:** 궁리하다
cunning: 약삭빠른, 교활한
7 **strike down:** …을 쓰러뜨리다
8 **ruin:** 망하게 하다
in scorn: 경멸하여, 조롱하여

For the choir director: A psalm of David.

64

2

3

4

5

6

7

8

9

두 고개를 절레절레 흔들 것입니다.
9 그때는 사람들마다 하나님을 두려워할 것입니다. 하나님께서 하신 일을 널리 알리고, 깊이 생각하게 될 것입니다.
10 의로운 사람들은 여호와 때문에 즐거워할 것입니다. 그들은 주께로 피할 것입니다. 마음이 올바른 사람들은 모두 주를 찬양하기 바랍니다.

하나님께 감사 찬양 – 다윗의 시.
지휘자를 따라 부른 노래

65 오 하나님, 시온에서 우리가 주를 찬양할 것입니다. 전에 우리가 주께 드린 맹세를 지키겠습니다.
2 우리의 기도를 들으시는 주여, 모든 민족들이 주께 나아올 것입니다.
3 우리가 죄 가운데 빠져 헤매일 때에 주는 우리 죄를 모두 용서하셨습니다.
4 주께서 특별히 정하시고 주의 왕궁 안에 머물게 하신 사람들은 복이 있습니다. 우리가 주의 집 곧 주의 성전에 있는 좋은 것들을 마음껏 누립니다.
5 우리의 구원자이신 하나님이시여, 주는 의로운 행동으로 우리에게 대답하십니다. 주는 땅 끝 모든 사람들의 희망이시며, 먼 바다 끝에 사는 사람들의 소망이십니다.
6 주는 주의 능력으로 산들을 만드시고 힘센 팔로 산들을 꾸미셨습니다.

all the amazing things he does.
10 The godly will rejoice in the LORD and find
shelter in him. And those who do what is
right will praise him.

For the choir director: A song. A psalm of David.

65 What mighty praise, O God, belongs to you
in Zion. We will fulfill our vows to you,
2 for you answer our prayers. All of us must
come to you.
3 Though we are overwhelmed by our sins,
you forgive them all.
4 What joy for those you choose to bring near,
those who live in your holy courts. What
festivities await us inside your holy Temple.
5 You faithfully answer our prayers with
awesome deeds, O God our savior. You are
the hope of everyone on earth, even those
who sail on distant seas.
6 You formed the mountains by your power
and armed yourself with mighty strength.
7 You quieted the raging oceans with their
pounding waves and silenced the shouting of
the nations.

1 **fulfill one's vows:** 서약을 이행하다
3 **overwhelm:** 압도되다
4 **court:** 궁정, 왕실
festivities: 축제 행사, 축제의식
await: …을 기다리다
Temple: 성전
5 **awesome:** 두려움(경외심)을 느끼게 하는
deed: 행위, 행동
sail: 항해하다
distant: 먼, 멀리 있는
6 **form:** 형성하다, 만들다
arm A with B: A를 B로 무장시키다
7 **raging:** 맹렬한
pounding: 치는 것

10

For the choir director: A song. A psalm of
David.

65

2

3

4

5

6

7

7 주는 으르렁대는 바다와 그 파도 소
리를 잠재우시고 세상 나라들의 소
동을 그치게 하셨습니다.
8 땅 끝에 사는 사람들도 주가 이루신
놀라운 일들에 두려움을 느낍니다.
새벽이 시작됩니다. 그리고 다시금
저녁이 됩니다. 하루 종일 찬양의 노
래로 주를 찬양합니다.
9 주께서는 땅을 가꾸시며 물을 주십
니다. 그리고 땅을 기름지게 하십니
다. 하나님의 강은 물이 넘쳐 곡식
이 잘 자랍니다. 이처럼 주께서는 사
람들을 풍족하게 채우십니다.
10 주께서 밭고랑마다 흡족한 물로 채
워 주시고, 밭이랑마다 촉촉하게 적
셔 주십니다. 비를 내려 주시어 밭을
부드럽게 하시고, 곡식들을 잘 여물
게 하십니다.
11 한 해에 넉넉한 추수를 하게 하시
고, 넘치는 곡식을 마차에 실어 주
십니다.
12 거친 들판이 푸른 초장으로 옷을
갈아입었으며, 언덕들마다 기쁨의
소리가 울려 퍼집니다.
13 들판에는 양 떼가 가득하며 골짜기
마다 곡식으로 덮여 있습니다. 기쁨
의 노래가 온 하늘에 메아리칩니다.

구원을 베푸시는 하나님을 찬양
– 찬양의 시. 지휘자를 따라 부른 노래

66 땅 위에 있는 모든 것들이여, 하나님
께 기쁨의 소리를 외치십시오.

8 Those who live at the ends of the earth stand
in awe of your wonders. From where the sun
rises to where it sets, you inspire shouts of
joy.
9 You take care of the earth and water it,
making it rich and fertile. The river of
God has plenty of water; it provides a
bountiful harvest of grain, for you have
ordered it so.
10 You drench the plowed ground with rain,
melting the clods and leveling the ridges. You
soften the earth with showers and bless its
abundant crops.
11 You crown the year with a bountiful harvest;
even the hard pathways overflow with
abundance.
12 The grasslands of the wilderness become a
lush pasture, and the hillsides blossom with
joy.
13 The meadows are clothed with flocks of
sheep, and the valleys are carpeted with
grain. They all shout and sing for joy!

For the choir director: A song. A psalm.

66 Shout joyful praises to God, all the earth!

---

8 **inspire:** 불어넣다
9 **fertile:** 비옥한
plenty of: 많은, 충분한
bountiful: 풍부한
10 **drench:** …을 흠뻑 적시다
plow: 쟁기로 갈다
clod: 흙덩어리, 토양
leveling: 평평하게 하기
ridge: 산등성이
abundant: 풍부한
11 **pathway:** 좁은 길
12 **lush:** 푸릇푸릇한
pasture: 목초지, 목장
13 **meadow:** 들판, 초원

8

9

10

11

12

13

For the choir director: A song. A psalm.

66

2 하나님의 찬란한 이름을 노래하십
시오. 그분에게 영광스런 찬송을
드리십시오.
3 하나님께 말하십시오. "주께서 하
신 일이 놀랍습니다! 주의 능력은
대단하셔서 주의 원수들이 주 앞
에 고꾸라집니다.
4 온 땅이 주께 머리를 숙입니다. 그
들이 주를 찬양하며 주의 이름을
찬송합니다." (셀라)
5 와서 하나님께서 이루신 일을 보십
시오. 하나님께서 사람들을 위해 하
신 놀라운 일들을 보십시오.
6 주께서 바다를 마른 땅으로 바꾸
셨습니다. 그러자 사람들이 걸어서
바다를 건넜습니다. 자, 다 함께 와
서 하나님을 찬양합시다.
7 하나님께서 그 능력으로 영원히
다스리십니다. 하나님의 눈은 모든
나라들을 지켜 보십니다. 그러므
로 배반하는 자들이여, 그분께 대
항해서는 안 될 것입니다. (셀라)
8 모든 백성들이여, 우리 하나님을
찬양하십시오. 모든 사람들이 들
을 수 있게 큰 소리로 그분을 찬양
하십시오.
9 하나님께서 우리의 목숨을 살려
두시고 우리가 미끄러져 넘어지지
않게 하셨습니다.
10 오 하나님, 주는 우리를 시험하셨
습니다. 주는 은처럼 우리를 불 속

2 Sing about the glory of his name! Tell the
world how glorious he is.
3 Say to God, "How awesome are your deeds!
Your enemies cringe before your mighty
power.
4 Everything on earth will worship you; they
will sing your praises, shouting your name in
glorious songs." *Interlude*
5 Come and see what our God has done,
what awesome miracles he performs for
people!
6 He made a dry path through the Red Sea,
and his people went across on foot. There we
rejoiced in him.
7 For by his great power he rules forever. He
watches every movement of the nations; let
no rebel rise in defiance. *Interlude*
8 Let the whole world bless our God and loudly
sing his praises.
9 Our lives are in his hands, and he keeps our
feet from stumbling.
10 You have tested us, O God; you have purified
us like silver.
11 You captured us in your net and laid the

2 **glorious:** 영광스러운
3 **deed:** 행동, 행위
cringe: 움츠리다
4 **Interlude:** 히브리어 '셀라'의 번역
5 **perform:** 행하다, 수행하다
6 **Red Sea:** 홍해
go across: 맞은편으로 건너다
7 **movement:** 움직임
rebel: 반역하다
defiance: 반항, 대항
8 **loudly:** 큰 소리로
9 **keep A from B:** A가 B하지 않도록 하다
stumble: 실수, 비틀거림
10 **purify:** 정화하다

2

3

4

5

6

7

8

9

10

11

에다 달구셨습니다.
11 주께서 우리를 감옥에 집어 넣으시
고, 우리 등 위에 무거운 짐을 지어
주셨습니다.
12 주께서 원수들로 우리 머리를 밟고
지나가게 하셨습니다. 우리는 불과
물 속을 지나가게 되었습니다. 그러
나 주는 끝내 우리를 풍부한 곳으로
데려다 주셨습니다.
13 내가 태워 드리는 제물인 번제물을
주의 성전에 가지고 가서 주께 맹세
한 것을 갚겠습니다.
14 이 맹세들은 내가 어려움을 겪고 있
을 때에 주께 약속하고 말씀드렸던
것입니다.
15 나는 주께 살진 것으로 제사를 드리
며, 숫양과 소와 염소를 제물로 드
리겠습니다. (셀라)
16 하나님을 두려워하는 모든 사람들
이여, 와서 잘 들으십시오. 그분이
내게 하신 일을 모두 여러분에게 말
씀드리겠습니다.
17 나는 하나님께 간절히 부르짖었습니다.
내가 열심히 하나님을 찬양했습니다.
18 만일 내 마음속에 죄를 품고 있었다
면, 주는 내 소리를 듣지 않으셨을
것입니다.
19 그러나 하나님은 들으셨습니다. 하나
님께서 내 기도를 들으신 것입니다.
20 하나님을 찬양하십시오. 그분은 내 기도
를 거절하지 않으셨습니다. 그분은 나

burden of slavery on our backs.
12 Then you put a leader over us. We went
through fire and flood, but you brought us to
a place of great abundance.
13 Now I come to your Temple with burnt
offerings to fulfill the vows I made to
you–
14 yes, the sacred vows that I made when I was
in deep trouble.
15 That is why I am sacrificing burnt offerings
to you–the best of my rams as a pleasing
aroma, and a sacrifice of bulls and male
goats. *Interlude*
16 Come and listen, all you who fear God, and I
will tell you what he did for me.
17 For I cried out to him for help, praising him
as I spoke.
18 If I had not confessed the sin in my heart, the
Lord would not have listened.
19 But God did listen! He paid attention to my
prayer.
20 Praise God, who did not ignore my prayer
or withdraw his unfailing love from
me.

11 **burden:** 짐
slavery: 노예
12 **flood:** 홍수
abundance: 풍부
13 **burnt offering:** 번제, 제단 위에서 구워 바치는 제물
14 **sacred:** 거룩한
15 **ram:** 숫양
pleasing: 기분 좋은
aroma: 향기
17 **cry out to:** …에게 부르짖다
18 **confess:** 고백하다, 자백하다
19 **pay attention to:** …에게 주목하다
20 **ignore:** 무시하다
withdraw A from B: A를 B에게서 거두다

12

13

14

15

16

17

18

19

20

를 향한 사랑을 멈추지 않으셨습니다.

모든 나라들이 하나님을 찬양해야 함 – 시 곧 노래. 현악에 맞춰 지휘자를 따라 부른 찬양의 노래

67 하나님, 우리를 불쌍히 여기시고 복을 내려 주소서. 주의 자비로우신 얼굴을 우리에게 비춰 주소서. (셀라)
2 그러시면 주의 길이 세상에 널리 알려지게 되고 주의 구원이 모든 나라들에게 전파될 것입니다.
3 오 하나님, 모든 민족들이 주께 찬양드리기를 바랍니다. 모든 백성들이 주를 찬송하기를 바랍니다.
4 모든 나라들이 주를 기뻐하며 즐겁게 노래하기를 바랍니다. 그것은 주께서 민족들을 공평하게 다스리시고 땅 위의 모든 나라들을 인도하시기 때문입니다. (셀라)
5 오 하나님, 모든 민족들이 주께 찬양드리기를 바랍니다. 모든 백성들이 주를 찬송하기를 바랍니다.
6 땅에 곡식과 채소가 풍성하게 된 것은 하나님께서 우리를 복 주셨기 때문입니다.
7 하나님께서 우리에게 복을 주실 것이니 땅 끝에 이르기까지 사람들이 주를 높일 것입니다.

승리의 노래 – 다윗의 시. 지휘자를 따라 부른 노래

68 하나님이시여, 오셔서 하나님의 원수들을 흩으소서. 하나님의 대적자

For the choir director: A song. A psalm, to be accompanied by stringed instruments.

67 May God be merciful and bless us. May his
face smile with favor on us. *Interlude*
2 May your ways be known throughout the
earth, your saving power among people
everywhere.
3 May the nations praise you, O God. Yes, may
all the nations praise you.
4 Let the whole world sing for joy, because
you govern the nations with justice and
guide the people of the whole world.
Interlude
5 May the nations praise you, O God. Yes, may
all the nations praise you.
6 Then the earth will yield its harvests, and
God, our God, will richly bless us.
7 Yes, God will bless us, and people all over the
world will fear him.

For the choir director: A song. A psalm of David.

68 Rise up, O God, and scatter your enemies.
Let those who hate God run for their lives.
2 Blow them away like smoke. Melt them like

1 **merciful:** 자비로운
favor: 은혜, 친절
2 **throughout:** 도처에
4 **govern:** 통치하다
with justice: 공평하게, 도리에 맞게
6 **yield:** 산출하다
harvest: 수확
richly: 부유하게, 풍부하게
1 **scatter:** 분산시키다, 뿌리다
run for: …을 부르러 달려가다
2 **blow … away:** …을 날려버리다
melt: 녹이다
wax: 밀랍, 왁스
perish: 멸망하다

For the choir director: A song. A psalm, to be accompanied
by stringed instruments.

67

2

3

4

5

6

7

For the choir director: A song. A psalm of
David.

68

2

들을 쫓아 버리소서.
2 연기가 바람에 날아가듯이 그들을
날려 버리십시오. 불 앞에 양초가
녹아 내리듯 저 못된 자들을 하나
님 앞에서 망하게 해 주소서.
3 그러나 올바른 사람은 하나님 앞에서
기뻐하고 즐거워하게 하소서. 그러면
그들은 행복해하고 기뻐할 것입니다.
4 하나님께 노래하며, 그분의 이름을
찬양하십시오. 구름을 타고 다니시
는 그분을 높이십시오. 그분의 이름
은 여호와이십니다. 그분 앞에서 기
뻐하고, 즐거워하십시오.
5 성전에 계시는 하나님은 고아들의 아
버지이시며 과부들의 보호자이십니다.
6 하나님은 외로운 사람들에게 보금
자리를 주시며, 갇힌 사람을 감옥에
서 데리고 나오시는 분입니다. 그들
이 기뻐 노래하며 주를 따릅니다.
그러나 못된 자들은 태양이 내리쬐
는 거친 땅에서 살게 될 것입니다.
7 오 하나님, 주께서 주의 백성 앞에
서 앞서 나아가시며 거친 들판을 힘
차게 나아가실 때, (셀라)
8 시내 산의 하나님 앞에서, 이스라엘
의 하나님 앞에서, 땅은 무섭게 흔
들렸고, 하늘은 억수같이 비를 쏟아
부었습니다.
9 오 하나님, 주께서 비를 듬뿍 내려
주셨습니다. 주께서 지친 땅 위에 생
기를 불어 주셨습니다.

wax in a fire. Let the wicked perish in the
presence of God.
3 But let the godly rejoice. Let them be glad
in God's presence. Let them be filled with
joy.
4 Sing praises to God and to his name!
Sing loud praises to him who rides the
clouds. His name is the LORD–rejoice in his
presence!
5 Father to the fatherless, defender of
widows–this is God, whose dwelling is
holy.
6 God places the lonely in families; he sets the
prisoners free and gives them joy. But he
makes the rebellious live in a sun-scorched
land.
7 O God, when you led your people out from
Egypt, when you marched through the dry
wasteland, *Interlude*
8 the earth trembled, and the heavens poured
down rain before you, the God of Sinai,
before God, the God of Israel.
9 You sent abundant rain, O God, to refresh
the weary land.

3 **be filled with:** …로 가득차다
5 **fatherless:** 아버지가 없는
defender: 방어자
widows: 과부
dwelling: 거처, 거주지
6 **lonely:** 외로운, 고독한
rebellious: 반항적인
sun-scorched: 메마른 땅
7 **march:** 행진하다
wasteland: 황무지, 뭍
8 **tremble:** 진동하다
pour down: 좌르르 흐르다
9 **abundant:** 풍부한
weary: 지친, 싫증이 난

3

4

5

6

7

8

9

10 오 하나님, 주의 백성들이 그곳에 자리잡았습니다. 주는 풍성한 음식으로 가난한 사람들을 먹이셨습니다.
11 주께서 말씀을 주셨습니다. 그러자 큰 무리가 그 소식을 알렸습니다.
12 "치러 왔던 왕들과 군사들이 허겁지겁 달아납니다. 그들이 놓고 간 물건들을 사람들이 나눠 가집니다.
13 천막에서 잠자던 자들도 부자가 될 것이며, 은과 금으로 깃과 날개를 단 비둘기 같을 것입니다."
14 전능하신 하나님께서 그 땅의 왕들을 흩으시는 모습이 마치 살몬 산에 흩날리는 눈 같습니다.
15 바산의 산들은 아주 웅장하며 산봉우리도 많이 있습니다.
16 바산의 산들이여, 왜 너희들은 하나님께서 보금자리로 삼으신 시온 산을 깔보느냐? 왜 너희들은 여호와께서 영원히 사실 시온 산을 질투하느냐?
17 주의 전차는 수천 수만입니다. 주께서 수많은 전차를 거느리시고 시내 산에서 성전으로 행차하십니다.
18 주께서 높은 곳으로 오르실 때에 수많은 포로들을 이끄셨습니다. 하나님께서는 사람들에게 예물을 받으셨으며, 하나님께 대항하

10 There your people finally settled, and with a bountiful harvest, O God, you provided for your needy people.
11 The Lord gives the word, and a great army brings the good news.
12 Enemy kings and their armies flee, while the women of Israel divide the plunder.
13 Even those who lived among the sheepfolds found treasures–doves with wings of silver and feathers of gold.
14 The Almighty scattered the enemy kings like a blowing snowstorm on Mount Zalmon.
15 The mountains of Bashan are majestic, with many peaks stretching high into the sky.
16 Why do you look with envy, O rugged mountains, at Mount Zion, where God has chosen to live, where the LORD himself will live forever?
17 Surrounded by unnumbered thousands of chariots, the Lord came from Mount Sinai into his sanctuary.
18 When you ascended to the heights, you led a crowd of captives. You received gifts from the people, even from those who rebelled against

10 **settle:** 정착하다
bountiful: 풍부한
12 **flee:** 도망치다
divide: 나누다
plunder: 약탈품
13 **sheepfold:** 양 우리
feather: 깃털
14 **almighty:** 전능한
15 **majestic:** 장엄한
peak: 정점, 산꼭대기
stretch: 뻗다
16 **rugged:** 울퉁불퉁한, 거친
17 **unnumbered:** 무수한
sanctuary: 성막, 성소

10

11

12

13

14

15

16

17

18

는 사람들에게서도 예물을 받으셨
습니다. 오 여호와 하나님이시여,
주는 저희와 함께 사실 것입니다.
19 날마다 우리의 무거운 짐들을 지
시는 우리의 구원자 하나님께 찬
양을 드리십시오. (셀라)
20 우리의 하나님은 구원하시는 하나님
이십니다. 전능하신 여호와만이 우
리를 죽음에서 건지십니다.
21 하나님께서 반드시 원수들의 머리
를 깨어 부수뜨릴 것이며, 끊임없
이 죄짓는 사람들의 머리를 깨뜨
릴 것입니다.
22 주께서 말씀하셨습니다. "내가 바
산에서 그들을 다시 데리고 오겠
다. 내가 그들을 깊은 바닷속에서
다시 데려오겠다.
23 그러면 너희가 너희 발을 그들의
피에 담글 것이며, 너희 개들도 그
들의 피를 핥을 것이다."
24 오 하나님, 사람들이 주의 장엄한
행진을 보았습니다. 나의 왕이신
하나님께서 성전으로 나가시는 모
습을 그들이 보았습니다.
25 성가대원들의 뒤를 따라 악대들이
행진하고, 소고를 치는 소녀들이
그들의 뒤를 따릅니다.
26 큰 회중 안에 계신 하나님을 찬양
하십시오. 이스라엘의 모임 가운
데 계신 주를 찬양하십시오.
27 가장 작은 베냐민 지파가 앞서서

you. Now the LORD God will live among us
there.
19 Praise the Lord; praise God our savior! For
each day he carries us in his arms. *Interlude*
20 Our God is a God who saves! The Sovereign
LORD rescues us from death.
21 But God will smash the heads of his enemies,
crushing the skulls of those who love their
guilty ways.
22 The Lord says, "I will bring my enemies down
from Bashan; I will bring them up from the
depths of the sea.
23 You, my people, will wash your feet in their
blood, and even your dogs will get their
share!"
24 Your procession has come into view, O God–
the procession of my God and King as he goes
into the sanctuary.
25 Singers are in front, musicians behind;
between them are young women playing
tambourines.
26 Praise God, all you people of Israel; praise the
LORD, the source of Israel's life.
27 Look, the little tribe of Benjamin leads the

18 **ascend:** 오르다, 올라가다
rebel against: …에 대항하여 반대하다
19 **Interlude:** 히브리어 '셀라'의 번역
20 **sovereign:** 주권자, 통치자
21 **smash:** 격파하다
crush: 박멸하다
skull: 두개골
22 **bring … down:** …을 패배시키다
24 **come into view:** 시야에 들어오다
procession: 행렬
26 **source:** 근원
27 **tribe:** 부족, 집단
a throng of: …의 떼
ruler: 통치자

19

20

21

22

23

24

25

26

27

이스라엘을 이끕니다. 그 무리들과
함께 유다 지파의 지도자들이 있
습니다. 또한 스불론과 납달리의
지도자들도 있습니다.
28 오 하나님, 주의 능력을 나타내 보
여 주소서. 전에 우리를 위해 나타
내셨던 그 큰 힘을 보여 주소서.
29 주께서 예루살렘의 성전에 계시기
때문에 왕들이 주께 예물을 가지
고 올 것입니다.
30 갈대 숲에 있는 짐승과 같은 이집트
를 꾸짖어 주소서. 암소 가운데 있
는 수소들과 같은 온 세계 민족을
혼내 주소서. 그러면 그들은 수많은
은을 가지고 올 것입니다. 전쟁을
좋아하는 나라들을 흩어 주소서.
31 사절단들이 이집트에서 올 것이며
에티오피아 사람들이 하나님께 엎
드려 절할 것입니다.
32 이 땅의 모든 나라들이여, 하나님
께 노래하십시오. 주를 찬양하십
시오. (셀라)
33 그분은 옛부터 있는 하늘을 타고
다니시며 천둥 같은 목소리로 말씀
하시는 분이십니다.
34 하나님의 능력을 온 세상에 널리
알리십시오. 그분의 위엄이 이스라
엘 위에 있으며 그분의 능력이 하
늘에 있습니다.
35 오 하나님, 성전에 계시는 주는 장엄
하십니다. 이스라엘의 하나님은 자기

way. Then comes a great throng of rulers
from Judah and all the rulers of Zebulun and
Naphtali.
28 Summon your might, O God. Display your
power, O God, as you have in the past.
29 The kings of the earth are bringing tribute to
your Temple in Jerusalem.
30 Rebuke these enemy nations–these wild
animals lurking in the reeds, this herd of bulls
among the weaker calves. Make them bring
bars of silver in humble tribute. Scatter the
nations that delight in war.
31 Let Egypt come with gifts of precious metals;
let Ethiopia bring tribute to God.
32 Sing to God, you kingdoms of the earth. Sing
praises to the Lord. *Interlude*
33 Sing to the one who rides across the ancient
heavens, his mighty voice thundering from
the sky.
34 Tell everyone about God's power. His majesty
shines down on Israel; his strength is mighty
in the heavens.
35 God is awesome in his sanctuary. The God of
Israel gives power and strength to his people.

28 **summon:** 소환하다
display: 드러내다
29 **tribute:** 공물
30 **rebuke:** 질책하다
lurk: 숨다, 잠재하다
reed: 갈대
herd: 떼, 무리
calve: (새끼를) 낳다
humble: 겸손한
31 **precious:** 값비싼
32 **kingdom:** 왕국
33 **ancient:** 옛날의
34 **majesty:** 위엄
35 **awesome:** 두려움(경외심)을 느끼게 하는

28

29

30

31

32

33

34

35

백성에게 힘과 능력을 주시는 분입니
다. 하나님을 찬양하십시오!

도와 달라는 울부짖음 – 다윗의 시.
소산님에 맞춰 지휘자를 따라 부른 노래

69 오 하나님, 나를 건져 주소서. 물이
내 목까지 찼습니다.
2 내가 밑이 뚫려 있는 수렁 속으로 한
없이 빠져 들어가고 있습니다. 내가 깊
은 물 속에 빠져 있습니다. 엄청난 파
도가 나를 덮칩니다.
3 내가 도와 달라고 부르짖다가 지쳤
습니다. 이제는 목이 잠겨 아픕니다.
하나님을 간절히 기다리느라 내 눈
도 침침해졌습니다.
4 아무런 이유 없이 나를 미워하는 사
람들이 내 머리카락보다 더 많습니
다. 아무런 까닭 없이 나를 쓰러뜨
리려는 사람들과 나를 죽이려는 원
수들이 너무나 많습니다. 내가 훔치
지도 않은 것을 물어내라고 원수들
이 나에게 강요합니다.
5 하나님이여, 주는 나의 어리석음을
아시오니 내 죄를 주께 숨길 수가
없습니다.
6 만군의 주 여호와시여, 주께 소망을 둔
사람들이 나 때문에 창피를 당하지 않
게 해 주소서. 오, 이스라엘의 하나님이
시여, 주를 찾는 사람들이 나 때문에
부끄러움을 당하지 않도록 해 주소서.
7 내가 부끄러워 얼굴을 들 수 없습니
다. 그러나 나는 주를 위해 이 부끄

Praise be to God!

For the choir director: A psalm of David,
to be sung to the tune “Lilies.”

69 Save me, O God, for the floodwaters are up
to my neck.
2 Deeper and deeper I sink into the mire; I
can’t find a foothold. I am in deep water, and
the floods overwhelm me.
3 I am exhausted from crying for help; my
throat is parched. My eyes are swollen
with weeping, waiting for my God to help
me.
4 Those who hate me without cause outnumber
the hairs on my head. Many enemies try to
destroy me with lies, demanding that I give
back what I didn’t steal.
5 O God, you know how foolish I am; my sins
cannot be hidden from you.
6 Don’t let those who trust in you be ashamed
because of me, O Sovereign LORD of Heaven’s
Armies. Don’t let me cause them to be
humiliated, O God of Israel.
7 For I endure insults for your sake; humiliation
is written all over my face.

1 **floodwater:** 홍수
2 **mire:** 수렁, 늪
foothold: 발판
overwhelm: 압도되다
3 **exhaust:** 소진하다, 지치다
throat: 목구멍
parch: 바싹 마르다
be swollen with: …로 부은
4 **outnumber:** …을 수로 압도하다
demand: 요구하다, 요청하다
6 **ashamed:** 부끄러워하여
humiliate: 모욕하다
7 **endure:** 견디다, 참다
insult: 모욕

For the choir director: A psalm of David, to be sung
to the tune "Lilies."

69

2

3

4

5

6

7

러움을 견딥니다.
8 나는 내 형제들에게 낯선 사람이 되
었습니다. 한 피를 나눈 형제들에게
도 외국인 취급을 받습니다.
9 이는 주의 집을 사랑하는 열정이 온
통 나를 태우기 때문이며, 주를 향한
모욕이 내게도 쏟아지기 때문입니다.
10 내가 금식하며 슬퍼하였더니 오히려
사람들이 비웃습니다.
11 내가 넝마와 같은 거친 옷을 입고
슬퍼하면 사람들은 나를 웃음거리
로 삼습니다.
12 심지어 동네 어른들도 나에게 빈정
대며, 길거리의 술 주정꾼들도 나를
빗대어 노래 부릅니다.
13 오 여호와여, 나는 주의 호의를 기
다리면서 주께 기도합니다. 오 하나
님이여, 내 기도를 들어 주시고, 주
의 크고도 크신 사랑으로 구원을 베
풀어 주소서.
14 나를 수렁에 빠지게 마시고 수렁에서
건져 주소서. 나를 미워하는 사람들에
게서 보호해 주시고, 깊은 물 속에서
나를 건져 주소서.
15 큰 물결이 나를 휩쓸지 못하게 하시고,
깊은 물이 나를 삼키지 못하게 하시고,
무덤이 나를 덮치지 못하게 하소서.
16 오 여호와여, 주의 순결한 사랑으로
내게 대답하여 주소서. 주의 크신
사랑으로 나를 돌보아 주소서.
17 나는 주의 종입니다. 주의 얼굴을

8 Even my own brothers pretend they don't
know me; they treat me like a stranger.
9 Passion for your house has consumed me, and
the insults of those who insult you have fallen
on me.
10 When I weep and fast, they scoff at me.
11 When I dress in burlap to show sorrow, they
make fun of me.
12 I am the favorite topic of town gossip, and all
the drunks sing about me.
13 But I keep praying to you, LORD, hoping this
time you will show me favor. In your unfailing
love, O God, answer my prayer with your sure
salvation.
14 Rescue me from the mud; don't let me sink
any deeper! Save me from those who hate me,
and pull me from these deep waters.
15 Don't let the floods overwhelm me, or the
deep waters swallow me, or the pit of death
devour me.
16 Answer my prayers, O LORD, for your
unfailing love is wonderful. Take care of me,
for your mercy is so plentiful.
17 Don't hide from your servant; answer me

8 **pretend:** …척하다, …인 체하다
9 **passion:** 열정
consume: 열중하게 하다
10 **scoff at:** …을 비웃다, 조롱하다
11 **burlap:** 올이 굵은 삼베
12 **favorite:** 가장 좋아하는
gossip: 잡담
13 **unfailing:** 기대에 어긋나지 않는, 확실한
salvation: 구원
14 **sink:** 침몰하다
15 **pit:** 구덩이
devour: 먹어치우다
16 **mercy:** 자비
plentiful: 풍부한

8

9

10

11

12

13

14

15

16

17

내게서 돌리지 마소서. 어서 빨리
내게 대답해 주소서. 내가 어려움
가운데 있습니다.
18 내게로 가까이 오셔서 나를 건져 주
소서. 나를 내 원수들로부터 구해
주소서.
19 주는 내가 당하는 부끄러움과 창피
를 아십니다. 보십시오. 내 모든 원
수들이 주 앞에 있습니다.
20 그들이 나를 업신여기므로, 내 마음이
몹시 아픕니다. 나는 아무런 힘도 없
는 자가 되었습니다. 내가 주위를 둘러
보았지만 아무도 나를 불쌍히 여기는
자가 없었습니다. 나를 위로해 줄 사람
을 찾았지만 아무도 없었습니다.
21 그들은 내 음식에 쓴 것을 넣었으며
내가 목마를 때에 식초를 주었습니다.
22 그들의 잔치가 올무가 되게 하시고,
그들의 식탁이 그들에게 덫이 되어
그들이 죄값을 받게 하십시오.
23 그들의 눈이 감겨서 보지 못하게 하시
고, 그들의 허리가 영원히 굽게 하소서.
24 주의 화를 그들에게 쏟아 부으시고, 주
의 불타는 분노로 그들을 태우소서.
25 그들이 사는 곳이 폐허가 되게 하시
고, 그들의 집이 버려진 집이 되게
하소서.
26 그들은 주께서 책망하는 사람들을
박해하며, 주께서 때리신 사람들의
상처를 입으로 쑤셔 댑니다.
27 그들이 저지른 죄들을 낱낱이 기억

quickly, for I am in deep trouble!
18 Come and redeem me; free me from my
enemies.
19 You know of my shame, scorn, and disgrace.
You see all that my enemies are doing.
20 Their insults have broken my heart, and
I am in despair. If only one person would
show some pity; if only one would turn and
comfort me.
21 But instead, they give me poison for food;
they offer me sour wine for my thirst.
22 Let the bountiful table set before them
become a snare and their prosperity become
a trap.
23 Let their eyes go blind so they cannot see,
and make their bodies shake continually.
24 Pour out your fury on them; consume them
with your burning anger.
25 Let their homes become desolate and their
tents be deserted.
26 To the one you have punished, they add
insult to injury; they add to the pain of those
you have hurt.
27 Pile their sins up high, and don't let them go

18 **redeem:** 회복하다
19 **scorn:** 경멸, 조롱거리
20 **despair:** 절망, 실망
pity: 연민, 동정
comfort: 위로
21 **sour:** 시큼한
22 **snare:** 덫
prosperity: 번영
23 **continually:** 계속해서
24 **fury:** 분노, 격노
25 **desolate:** 황량한
26 **punish:** 처벌하다
injury: 상해
27 **pile:** 쌓다, 모으다

18

19

20

21

22

23

24

25

26

27

69:28~69:36 | PSALMS

하여 갚아 주시고, 주가 베푸시는
구원을 그들이 얻지 못하게 하소서.
28 그들의 이름을 생명책에서 지우소
서. 의로운 사람들의 명단에서 그들
의 이름을 빼소서.
29 내가 괴롭고 마음이 몹시 아픕니다.
오 하나님, 나를 구원하시고 지켜
주소서.
30 내가 노래로 하나님의 이름을 찬양
하겠습니다. 감사를 드리며 하나님
을 높여 드리겠습니다.
31 그것이 수소 제물을 바치는 것보다
여호와를 더욱 기쁘시게 하는 일이
며 뿔과 굽이 있는 황소를 바치는
것보다 여호와를 더욱 흐뭇하게 해
드리는 일일 것입니다.
32 겸손한 자가 이러한 일을 보고 기뻐
할 것입니다. 하나님을 섬기는 사람
들이여, 용기를 가지십시오.
33 여호와는 가난한 사람들의 부르짖
는 소리에 귀를 기울이시며, 포로된
주의 백성을 업신여기지 않습니다.
34 하늘과 땅이여, 하나님을 찬양하여
라. 바다와 그 속에 있는 모든 것들
아, 하나님을 찬양하여라.
35 하나님께서 시온을 구원하시고 유
다의 마을들을 다시 세우실 것입니
다. 그때에는 사람들이 거기에 살면
서 땅을 갖게 될 것입니다.
36 하나님의 종들의 자녀들이 그 땅을
물려받을 것입니다.

free.
28 Erase their names from the Book of Life;
don't let them be counted among the
righteous.
29 I am suffering and in pain. Rescue me, O
God, by your saving power.
30 Then I will praise God's name with singing,
and I will honor him with thanksgiving.
31 For this will please the LORD more than
sacrificing cattle, more than presenting a bull
with its horns and hooves.
32 The humble will see their God at work and
be glad. Let all who seek God's help be
encouraged.
33 For the LORD hears the cries of the needy; he
does not despise his imprisoned people.
34 Praise him, O heaven and earth, the seas and
all that move in them.
35 For God will save Jerusalem and rebuild the
towns of Judah. His people will live there
and settle in their own land.
36 The descendants of those who obey him will
inherit the land, and those who love him will
live there in safety.

28 **erase:** 지워 없애다
righteous: 의로운
30 **thanksgiving:** 감사의 표시
31 **cattle:** 소
hoof: 발굽
32 **humble:** 겸손한
encourage: 격려하다
33 **needy:** 가난한
despise: 멸시하다
imprison: 투옥하다
35 **rebuild:** 재건하다
settle in: …에 적응하다
36 **descendant:** 자손, 후손
inherit: 상속하다

28

29

30

31

32

33

34

35

36

속히 도와 달라고 하나님께 울부짖음 – 다윗의 시. 간청하는 시. 지휘자를 따라 부른 노래

70 오 하나님, 빨리 오셔서 나를 구출해 주소
서. 오 여호와여, 어서 나를 도와주소서.
2 나를 죽이려는 사람들이 있습니다.
그들을 부끄럽게 하시며 창피를 당
하게 하소서. 나를 해치고자 하는
사람들이 있습니다. 그들이 부끄러
워 달아나게 하소서.
3 나를 보고, "아하, 안됐구나!" 하고
비웃는 사람들이 있습니다. 그들이
부끄러워 도망가게 하소서.
4 그러나 주를 찾는 사람들이 있습니
다. 그들 모두가 주 안에서 기뻐하고
즐거워하게 해 주소서. 주의 구원을
감사하는 사람들이 있습니다. 그들
이 언제나 "하나님은 위대하시다"라
고 말하게 해 주소서.
5 그러나 나는 연약하고 불쌍한 사람
이오니 오 하나님, 어서 빨리 내게
오소서. 주는 나를 돕는 분이시며
나를 구원하는 분이십니다. 오 여호
와여, 지체하지 마소서.

한 노인의 기도

71 오 여호와여, 내가 주께 피하였습니
다. 내가 다시는 부끄러움을 겪지 않
게 해 주소서.
2 주의 의로우심으로 나를 건져 주시
고 구출해 주소서. 내 말에 귀 기울
이시고 나를 구원해 주소서.

For the choir director: A psalm of David, asking God to remember him.

70 Please, God, rescue me! Come quickly, LORD,
and help me.
2 May those who try to kill me be humiliated
and put to shame. May those who take
delight in my trouble be turned back in
disgrace.
3 Let them be horrified by their shame, for
they said, "Aha! We've got him now!"
4 But may all who search for you be filled with
joy and gladness in you. May those who
love your salvation repeatedly shout, "God is
great!"
5 But as for me, I am poor and needy; please
hurry to my aid, O God. You are my helper
and my savior; O LORD, do not delay.
71 O LORD, I have come to you for protection;
don't let me be disgraced.
2 Save me and rescue me, for you do what is
right. Turn your ear to listen to me, and set
me free.
3 Be my rock of safety where I can always
hide. Give the order to save me, for you are

2 **humiliate:** 모욕하다, 창피를 주다
take delight in: …을 즐기다
turn back: 되돌아가다
3 **horrify:** 무서워하게 하다
4 **search for:** …을 찾다
be filled with: …로 가득 차다
salvation: 구원
repeatedly: 되풀이하여, 반복적으로
5 **needy:** 가난한
aid: 지원, 도움
1 **protection:** 보호
2 **turn one's ear to:** …에게 귀를 기울이다
set … free: …를 석방하다
3 **order to:** …을 위하여

For the choir director: A psalm of David, asking God to remember him.

70

2

3

4

5

71

2

3

3 내가 언제든지 가서 피할 수 있는
안전한 나의 반석이 되어 주소서.
나를 구원하신다는 명령을 내리소
서. 주는 나의 바위이시며 굳건한 성
벽이십니다.
4 오 나의 하나님, 못된 사람들의 손
에서 나를 건져 주시고 악하고 잔인
한 사람들의 손아귀에서 나를 구출
해 주소서.
5 주 여호와여, 주는 나의 소망이십니
다. 주는 내가 어렸을 때부터 굳게
믿어 온 분이십니다.
6 내가 태어날 때부터 주께 기대어 왔
습니다. 주는 내 어머니의 배 속에서
부터 나를 붙들어 주셨습니다. 내가
늘 주를 찬양하겠습니다.
7 나는 많은 사람들이 이상하게 쳐다
보는 사람이 되었습니다. 그러나 주
는 든든한 나의 피난처이십니다.
8 내 마음이 주를 향한 찬송으로 가
득 차 있습니다. 내가 종일토록 주의
위대하심을 찬송합니다.
9 내가 늙어 힘이 없을 때에도 나를
버리지 마시고, 나를 떠나지 마소서.
10 내 원수들이 나에 대해 나쁜 말을
합니다. 그들은 나를 죽이려고 남이
모르게 나쁜 일을 꾸밉니다.
11 그들은 말합니다. "하나님께서 그를
버렸다. 그를 쫓아가 잡자. 아무도
그를 구해 주지 않을 거야."
12 오 하나님, 너무 멀리 떨어져 계시지

my rock and my fortress.
4 My God, rescue me from the power of
the wicked, from the clutches of cruel
oppressors.
5 O Lord, you alone are my hope. I've trusted
you, O LORD, from childhood.
6 Yes, you have been with me from birth;
from my mother's womb you have cared
for me. No wonder I am always praising
you!
7 My life is an example to many, because you
have been my strength and protection.
8 That is why I can never stop praising you; I
declare your glory all day long.
9 And now, in my old age, don't set me aside.
Don't abandon me when my strength is
failing.
10 For my enemies are whispering against me.
They are plotting together to kill me.
11 They say, "God has abandoned him. Let's
go and get him, for no one will help him
now."
12 O God, don't stay away. My God, please
hurry to help me.

4 **the wicked:** 악인
the clutches of: …의 손아귀
cruel: 잔인한
oppressor: 압제자
5 **childhood:** 어린 시절
6 **womb:** 자궁
7 **protection:** 보호
8 **declare:** 선언하다, 주장하다
9 **in one's old age:** …의 노년에
set aside: 떼어놓다, 무시하다
abandon: 버리다
10 **whisper:** 험담하다
plot: 음모하다
12 **stay away:** 떨어져 있다

4

5

6

7

8

9

10

11

12

마소서. 오 나의 하나님, 어서 오
셔서 나를 도와 주소서.
13 나를 비난하는 사람들이 부끄러움
가운데 망하기를 바랍니다. 나를 해
치려는 사람들이 부끄러움과 창피를
뒤집어썼으면 좋겠습니다.
14 그러나 나는 언제나 소망을 가지고
더욱더 주를 찬양할 것입니다.
15 주께서 베푸신 구원과 의로우신
행동을 제가 어떻게 다 알 수 있겠
습니까! 그러나 나는 주의 의로우
심과 주의 구원을 온종일 사람들
에게 전파하겠습니다.
16 오 주 여호와여, 내가 와서 주의 위
대한 행동들을 널리 전파하겠습니
다. 내가 주의 의로우심만을 널리
알리겠습니다.
17 오 하나님, 주님은 내가 어렸을 때
부터 나를 가르치셨습니다. 그래서
지금까지도 나는 주께서 하신 놀라
운 일들을 이야기합니다.
18 오 하나님, 내가 늙고 머리가 희어
졌다고 나를 버리지 마소서. 내가
늙어 죽을 때까지 내 후손들에게
주의 크신 능력을 전하겠습니다.
19 오 하나님, 주의 의로우심은 하늘
끝까지 이릅니다. 주께서는 위대한
일들을 하셨습니다. 오 하나님, 어
느 누가 주와 같겠습니까?
20 비록 주께서 많은 어려움과 힘든
시간들을 나에게 주셨지만 주님은

13 Bring disgrace and destruction on my
accusers. Humiliate and shame those who
want to harm me.
14 But I will keep on hoping for your help; I will
praise you more and more.
15 I will tell everyone about your righteousness.
All day long I will proclaim your saving
power, though I am not skilled with words.
16 I will praise your mighty deeds, O Sovereign
LORD. I will tell everyone that you alone are
just.
17 O God, you have taught me from my earliest
childhood, and I constantly tell others about
the wonderful things you do.
18 Now that I am old and gray, do not abandon
me, O God. Let me proclaim your power to
this new generation, your mighty miracles to
all who come after me.
19 Your righteousness, O God, reaches to
the highest heavens. You have done such
wonderful things. Who can compare with
you, O God?
20 You have allowed me to suffer much hardship,
but you will restore me to life again and lift

13 **destruction:** 파괴, 멸망
accuser: 고소인
humiliate: 창피를 주다
harm : 해치다, 상하게 하다
15 **righteousness:** 정직, 고결
proclaim: 선포하다, 선언하다
16 **deed:** 행동, 행위
sovereign: 주권자, 통치자
17 **constantly:** 끊임없이
18 **generation:** 세대
come after: …의 뒤를 잇다
19 **compare with:** …와 비교하다
20 **allow A to B:** A가 B하도록 허락하다
hardship: 고난

13

14

15

16

17

18

19

20

나를 다시 살게 하실 것입니다. 땅
속 깊은 곳에 빠져 있는 나를 주님
은 다시 불러 올리실 것입니다.
21 주께서 나의 명예를 높여 주실 것이며
나를 다시 위로해 주실 것입니다.
22 내가 비파로 주를 찬양하겠습니다.
오 나의 하나님, 내가 주의 신실하
심을 찬양하겠습니다. 이스라엘의
거룩하신 분이시여, 내가 수금으로
주를 노래하겠습니다.
23 내가 주를 찬양할 때에 큰 목소리로
기뻐 소리지를 것입니다. 이는 주께서
나를 구원하셨기 때문입니다.
24 내가 주의 의로우신 행동들을 온종
일 사람들에게 전하겠습니다. 그러
면 나를 해치고 싶어하는 사람들이
부끄러움을 당하고 혼란스러워질 것
입니다.

메시아 왕국을 소망함 – 솔로몬의 시

72 하나님이여, 주의 판단력을 왕에게
주시고, 주의 공평하심을 왕의 아들
에게 주소서.
2 그러면 왕이 주의 백성을 정의롭게
재판할 것이며, 가난한 자를 공평하
게 다스릴 것입니다.
3 산들에는 번영과 평화가 언덕들에는
정의의 열매들이 넘칠 것입니다.
4 왕이 가난한 자를 변호할 것이며 궁
핍한 자의 자녀들을 돕고 그들을 괴
롭히는 자들을 벌할 것입니다.
5 해가 있는 한, 왕이 오래 살게 해 주

me up from the depths of the earth.
21 You will restore me to even greater honor
and comfort me once again.
22 Then I will praise you with music on the
harp, because you are faithful to your
promises, O my God. I will sing praises to
you with a lyre, O Holy One of Israel.
23 I will shout for joy and sing your praises, for
you have ransomed me.
24 I will tell about your righteous deeds all day
long, for everyone who tried to hurt me has
been shamed and humiliated.

A psalm of Solomon.

72 Give your love of justice to the king, O God,
and righteousness to the king's son.
2 Help him judge your people in the right way;
let the poor always be treated fairly.
3 May the mountains yield prosperity for all,
and may the hills be fruitful.
4 Help him to defend the poor, to rescue the
children of the needy, and to crush their
oppressors.
5 May they fear you as long as the sun shines,
as long as the moon remains in the sky. Yes,

22 **faithful:** 충실한, 신실한
lyre: 수금
23 **ransom:** 몸값, 속전
2 **poor:** 가난하다
treat: 다루다
fairly: 공평하게, 공정하게
3 **yield:** 가져오다
prosperity: 번영
fruitful: 풍작을 가져오는
4 **defend:** 방어하다, 지키다
needy: 가난한
oppressor: 압제자
5 **as long as:** …하는 한
remain: 머무르다, 남아있다

21

22

23

24

A psalm of Solomon.

72

2

3

4

5

시고, 달이 있는 동안, 대대로 그
가 다스리게 해 주소서.
6 그가 풀을 벤 들판 위에 내리는 비
와 같고, 대지 위에 내리는 소낙비
같기를 바랍니다.
7 왕이 살아 있는 동안, 그 땅에 정의가
싹트게 하시고, 달이 뜨기를 그칠 때
까지 풍성한 번영이 있게 하십시오.
8 왕의 나라가 바다 이 끝에서 저 끝
까지 이르게 하시고, 유프라테스 강
에서 땅 끝까지 이르게 하십시오.
9 왕의 원수들이 그 앞에 엎드리고
그의 대적자들이 바닥의 먼지를
핥게 하십시오.
10 다시스와 멀리 떨어진 섬나라 왕
들이 왕에게 선물을 바치게 해 주
소서. 스바와 시바 왕들이 왕께 예
물을 드리게 해 주소서.
11 모든 나라 왕들이 왕 앞에 엎드려
절하며, 모든 민족들이 왕을 섬기
게 하소서.
12 왕은 도와 달라고 부르짖는 불쌍
한 사람들을 구출할 것이며, 왕은
아무도 도와 주지 않는 가난한 사
람들을 구원해 줄 것입니다.
13 그는 힘이 없고 가난한 사람들을
불쌍히 여기시며, 죽게 된 사람들
의 생명을 구해 주실 것입니다.
14 왕은 악한 자들로부터 그들을 구
원하실 것입니다. 왜냐하면 왕의
눈에는 그들의 목숨이 소중하기

forever!
6 May the king's rule be refreshing like spring
rain on freshly cut grass, like the showers that
water the earth.
7 May all the godly flourish during his reign.
May there be abundant prosperity until the
moon is no more.
8 May he reign from sea to sea, and from the
Euphrates River to the ends of the earth.
9 Desert nomads will bow before him; his
enemies will fall before him in the dust.
10 The western kings of Tarshish and other
distant lands will bring him tribute. The
eastern kings of Sheba and Seba will bring
him gifts.
11 All kings will bow before him, and all nations
will serve him.
12 He will rescue the poor when they cry to him;
he will help the oppressed, who have no one
to defend them.
13 He feels pity for the weak and the needy, and
he will rescue them.
14 He will redeem them from oppression and
violence, for their lives are precious to him.

---

6 **refresh:** 신선한, 상쾌하게 하다
7 **godly:** 독실한, 신의 뜻에 순종하는
flourish: 번창하다
reign: 통치
abundant: 풍족한
prosperity: 번영, 번창
9 **nomad:** 유목민
in the dust: 굴욕 속에, 죽어서
10 **distant:** 먼, 멀리있는
11 **bow:** 절하다
13 **feel pity for:** …을 불쌍히 여기다, 딱하게 생각하다
needy: 가난한
14 **redeem:** 구속하다, 되찾다
violence: 폭력

6

7

8

9

10

11

12

13

14

때문입니다.
15 왕이여, 오래오래 사십시오. 왕이
스바로부터 금을 넉넉히 받기를 바
라고, 사람들이 왕을 위해 끊임없
이 기도하기를 바라며, 종일토록
그를 축복하기를 바랍니다.
16 들판마다 곡물이 넘치기를 바라고,
언덕들 위로 과일들이 넘쳐 흐르기
를 바라며, 그 과일들이 레바논의
나무 열매들처럼 탐스럽고, 들판의
풀처럼 풍요롭기를 바랍니다.
17 왕의 이름이 널리 알려지기를 바라
고, 태양이 있는 한, 그의 이름이 오
래도록 기억되기를 바라며, 모든 나
라들이 왕을 통해 복 받기를 바랍니
다. 모든 나라들이 그를 가리켜 행복
한 분이라고 말하기를 바랍니다.
18 여호와 하나님, 이스라엘의 하나님
을 찬양합니다. 그는 홀로 놀라운
일들을 하신 분이십니다.
19 그의 크고 높으신 이름을 영원히 찬
양합니다. 온 땅이 그의 영광으로 가
득 차기를 바랍니다. 아멘! 아멘!
20 이것으로 이새의 아들 다윗의 기
도가 끝납니다.

15 Long live the king! May the gold of Sheba be
given to him. May the people always pray for
him and bless him all day long.
16 May there be abundant grain throughout
the land, flourishing even on the hilltops.
May the fruit trees flourish like the trees
of Lebanon, and may the people thrive like
grass in a field.
17 May the king's name endure forever; may it
continue as long as the sun shines. May all
nations be blessed through him and bring him
praise.
18 Praise the LORD God, the God of Israel, who
alone does such wonderful things.
19 Praise his glorious name forever! Let the
whole earth be filled with his glory. Amen
and amen!
20 (This ends the prayers of David son of Jesse.)

15 **long live:** …이 장수하도록, …만세
be given to: …에게 주어지다
16 **abundant:** 풍족한
grain: 곡물
throughout: 도처에
flourish: 번영하다
hilltop: 언덕의 꼭대기
thrive: 번성하다, 번창하다
17 **endure:** 지속하다
19 **be filled with:** …로 가득 차다

15

16

17

18

19

20

영어성경
시편 쓰기 ㊤

펴낸날	초판 1쇄 발행 2021년 6월 30일 초판 3쇄 발행 2025년 4월 25일
펴낸이	곽성종
펴낸곳	(주)아가페출판사
등록	제21-754호(1995년 4월 12일)
주소	(08806) 서울시 관악구 남부순환로 2082-33(남현동)
전화	584-4835(본사), 522-5148(편집부)
팩스	586-3078(본사), 586-3088(편집부)
홈페이지	www.agape25.com
판권	ⓒ(주)아가페출판사 2021
ISBN	978-89-537-9648-5 (04230) 978-89-537-9624-9 (세트)

분당직영서점 전화 031-714-7273 | 팩스 031-714-7177
인터넷서점 http://www.agapemall.co.kr
*인터넷에서 '아가페몰'을 검색하세요.

아가페 출판사

아가페 필사&쓰기 전용펜

필사&쓰기성경®에 왜 전용펜을 사용해야 할까요?

1. 잉크의 뭉침이 없는 깨끗한 필기감
2. 종이끼리 붙지 않아 오랫동안 보관 가능
3. 쓸수록 종이가 부푸는 현상 방지
4. 물기로 인한 글자 훼손 방지

일반용

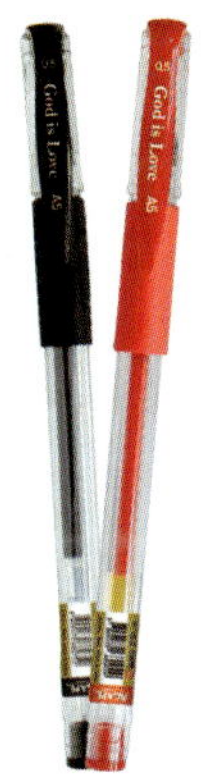

* 신약성경의 예수님 말씀은 빨간색 펜을 사용하세요.

일반 필사&쓰기성경 전용펜 A5 (검정/빨강) 값 900원

일반 필사&쓰기성경 전용펜 A5 (검정/빨강-1박스/12자루) 값 10,800원

중용량

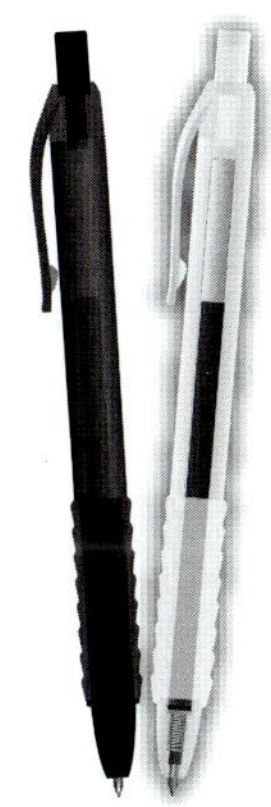

필사&쓰기 전용펜 (고급) (블랙/투명) 값 1,600원

필사&쓰기 전용펜 (고급) (블랙/투명-1박스/12자루) 값 19,200원

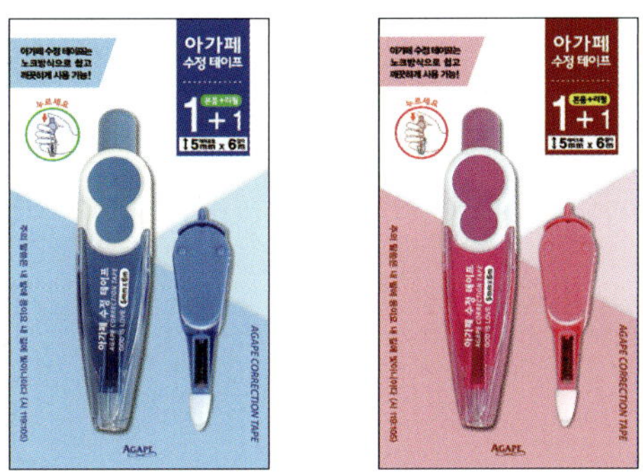

쓰기성경을 쓰다가 잘못 쓴 글씨는 수정 테이프를 사용하세요.

아가페 수정 테이프 (본품+리필) (블루/핑크) 값 3,500원